CHRISTIAN UHLMANN

Der Bestimmtheitsgrundsatz im Privatrecht

Schriften zum Bürgerlichen Recht

Band 576

Der Bestimmtheitsgrundsatz im Privatrecht

Von

Christian Uhlmann

Duncker & Humblot · Berlin

Bibliografische Information der Deutschen Nationalbibliothek

Die Deutsche Nationalbibliothek verzeichnet diese Publikation in der Deutschen Nationalbibliografie; detaillierte bibliografische Daten sind im Internet über http://dnb.d-nb.de abrufbar.

Satz: 3w+p GmbH, Rimpar
Druck: CPI books GmbH, Leck
Printed in Germany

ISSN 0720-7387
ISBN 978-3-428-19160-4 (Print)
ISBN 978-3-428-59160-2 (E-Book)

Gedruckt auf alterungsbeständigem (säurefreiem) Papier entsprechend ISO 9706 ♾

Internet: http://www.duncker-humblot.de

Inhaltsverzeichnis

Abkürzungsverzeichnis

a. A.	anderer Ansicht
Abs.	Absatz
AcP	Archiv für die civilistische Praxis
a. E.	am Ende
a. F.	alte Fassung
AT	Allgemeiner Teil
Aufl.	Auflage
BAG	Bundesarbeitsgericht
Bd.	Band
BeckOK	Beck'scher Online-Kommentar
BeckOGK	beck-online.GROSSKOMMENTAR
BeckRS	Beck-Rechtsprechung
Begr.	Begründer
BGB	Bürgerliches Gesetzbuch
BGBl.	Bundesgesetzblatt
BGH	Bundesgerichtshof
BGHZ	Entscheidungen des Bundesgerichtshofes in Zivilsachen
bspw.	beispielsweise
BT-Drs.	Bundestags-Drucksache
BVerfGE	Entscheidungen des Bundesverfassungsgerichts
bzgl.	bezüglich
bzw.	beziehungsweise
Cardozo J. Int'l & Comp. L.	Cardozo Journal of International and Comparative Law
ders.	derselbe
DGVZ	Deutsche Gerichtsvollzieher Zeitung
d. h.	das heißt
dies.	dieselbe
diesbzgl.	diesbezüglich
DNotZ	Deutsche Notar-Zeitschrift
EGBGB	Einführungsgesetz zum Bürgerlichen Gesetzbuch
f./ff.	folgende
FG	Festgabe
Fn.	Fußnote
FS	Festschrift
GBO	Grundbuchordnung
GRUR	Gewerblicher Rechtsschutz und Urheberrecht
GS	Gedächtnisschrift
GVRZ	Zeitschrift für das gesamte Verfahrensrecht
HK-BGB	Handkommentar BGB
HKK-BGB	Historisch-kritischer Kommentar zum BGB

Hrsg.	Herausgeber
InsO	Insolvenzordnung
i. V. m.	in Verbindung mit
JA	Juristische Arbeitsblätter
JR	Juristische Rundschau
JURA	Juristische Ausbildung
JuS	Juristische Schulung
JZ	Juristenzeitung
Kap.	Kapitel
LG	Landgericht
MDR	Monatsschrift für Deutsches Recht
MünchKommBGB	Münchener Kommentar zum Bürgerlichen Gesetzbuch
MünchKommZPO	Münchener Kommentar zur Zivilprozessordnung
m. w. N.	mit weiteren Nachweisen
n. F.	neue Fassung
NJW	Neue Juristische Wochenschrift
NJW-RR	Neue Juristische Wochenschrift – Rechtsprechungs-Report
Nr.	Nummer
NZA	Neue Zeitschrift für Arbeitsrecht
NZI	Neue Zeitschrift für Insolvenz- und Sanierungsrecht
OLG	Oberlandesgericht
PWW	Prütting/Wegen/Weinreich
RGZ	Entscheidungen des Reichsgerichts in Zivilsachen
Rn.	Randnummer
Rpfleger	Der Deutsche Rechtspfleger
Rspr.	Rechtsprechung
S.	Seite / Satz
sog.	so genannt
u.	und
vgl.	vergleiche
VO	Verordnung
Vorb.	Vorbemerkung
WM	Wertpapier-Mitteilungen – Zeitschrift für Wirtschafts- und Bankrecht
z. B.	zum Beispiel
ZEuP	Zeitschrift für Europäisches Privatrecht
ZfPW	Zeitschrift für die gesamte Privatrechtswissenschaft
ZGR	Zeitschrift für Unternehmens- und Gesellschaftsrecht
ZIP	Zeitschrift für Wirtschaftsrecht
ZPO	Zivilprozessordnung
ZZP	Zeitschrift für Zivilprozess

Kapitel 1

Einführung

Im Privatrecht wird man an ganz unterschiedlichen Stellen mit der Frage der Bestimmtheit konfrontiert. Landläufig wird die Bestimmtheit in erster Linie als Bezeichnungsproblem wahrgenommen – also die Frage, mit welcher Genauigkeit einzelne Elemente der Parteihandlung bzw. des zwischen den Parteien erreichten Konsenses zu präzisieren sind. Damit verbunden ist allerdings auch die allgemeine Frage, über welchen Inhalt die anzustrebende Einigung zwingend verfügen muss. Vor diesem Hintergrund wundert es nicht, dass dieses als Bestimmtheitsgrundsatz bezeichnete Phänomen typischerweise im materiellen Recht verortet wird. So bedarf jeder Schuldvertrag grundsätzlich eines bestimmten Inhalts bzw. einer konkretisierten Pflicht.[1] Fehlt es an diesen Mindestanforderungen, den essentialia negotii, ist der angestrebte Vertragsschluss gescheitert – es sei denn, es bestehen (ausnahmsweise) Vorgaben, mit deren Hilfe sich Modalitäten für die Bestimmung gewisser Leistungspflichten ermitteln lassen; zu denken wäre neben einer diesbezüglichen vertraglichen Übereinkunft an das Leistungsbestimmungsrecht der §§ 315 ff. BGB oder die Regeln zur Gattungsschuld. Häufig findet sich daher die Aussage, dass der Vertrag wegen Unbestimmtheit nichtig bzw. unwirksam sei.[2] Des Weiteren werden bei Verfügungsgeschäften gewisse Anforderungen an die Bestimmtheit gestellt. Zentral heißt es bei der Übereignung beweglicher Sachen, dass die zu übereignenden Gegenstände im Zeitpunkt der Einigung so genau zu bezeichnen sind, dass jeder Dritte allein anhand der dinglichen Einigung ohne Schwierigkeiten feststellen können müsse, an welchen konkreten Sachen das Eigentum übergehen soll. Besonders relevant wird dieser sachenrechtliche Bestimmtheitsgrundsatz bei der Übereignung von Mobilien, die sich etwa in einem Warenlager befinden, in Form der §§ 929, 930 BGB. Bei der Abtretung – insbesondere in Gestalt der antizipierten Zession – muss die zu übertragende Forderung hinreichend bestimmbar sein, wobei die Bestimmbarkeit auch aus der Perspektive des Forderungsschuldners zu beurteilen

---

[1] Siehe dazu noch Kapitel 2 § 1.

[2] So etwa BGH NJW-RR 2006, 1139, 1141 Rn. 21; 2020, 656, 657 Rn. 14; Grüneberg/*Grüneberg*, § 241 Rn 3; Staudinger/*Schiemann*, § 243 Rn. 1; ferner MünchKommBGB/*Bachmann*, § 241 Rn. 15; PWW/*Brinkmann*, § 145 Rn. 4. Darauf hinweisend, dass es beim Fehlen einer Übereinkunft über die essentialia negotii bereits an einem Vertragsschluss mangelt, *Bork*, BGB AT, § 19 Rn. 763; *Diederichsen*, in: FS zum 125jährigen Bestehen der Juristischen Gesellschaft zu Berlin, 81, 89; HK-BGB/*Dörner*, § 154 Rn. 1 f.; *Flume*, AT II, § 34 6 b); *Gsell*, AcP 203 (2003), 119, 132; BeckOGK BGB/*Möslein*, § 154 Rn. 15; *Neuner*, BGB AT, § 38 Rn. 3; *Stadler*, BGB AT, § 19 Rn. 38; zur Differenzierung zwischen „Abschluss", „Zustandekommen" und „Wirksamkeit" eines Vertrags *Leenen*, AcP 188 (1988), 381, 385 ff.

sei. Aber auch bei der Teilzession, also der Übertragung eines Forderungsteils, wird die Frage der Bestimmbarkeit relevant.

Anforderungen an die Bestimmtheit finden sich allerdings nicht nur im materiellen Recht. Auch auf der Ebene des Prozessrechts lassen sich entsprechende Vorgaben für die Bestimmtheit ausmachen. Zentral sind insoweit die Voraussetzungen, die die Muss-Vorschrift des § 253 Abs. 2 Nr. 2 ZPO an die Klageschrift stellt. Demnach hat die Klageschrift die bestimmte Angabe des Gegenstands und des Grunds des erhobenen Anspruchs sowie einen bestimmten Antrag zu enthalten. Andernfalls droht eine Abweisung der Klage als unzulässig; bei völliger Unbestimmtheit des Antrags besteht sogar die Gefahr, dass es überhaupt an einer ordnungsgemäßen Klageerhebung mangelt.[3] Diese mit der Prozesshandlung[4] der Klageerhebung[5] in Zusammenhang stehenden Bestimmtheitsanforderungen an die Klageschrift finden im Rahmen der Vollstreckung ihre Fortsetzung. Der Titel muss nicht nur Vollstreckungsschuldner und Vollstreckungsgläubiger genau bezeichnen, sondern es sind auch Art und Umfang des zu vollstreckenden Begehrens inhaltlich genau anzugeben. Ansonsten kann es zu Verzögerungen im Vollstreckungsverfahren kommen; im ungünstigsten Fall scheitert die Vollstreckung an der Unbestimmtheit des Titels und es ist erneut ein Erkenntnisverfahren durchzuführen.[6]

Dieser kurze Abriss hat deutlich gemacht, dass das Privatrecht an den verschiedensten Stellen Anforderungen an die Bestimmtheit des Rechtsgeschäfts bzw. der Prozesshandlung stellt. Derartige Fragen werden bislang in den verschiedenen Teilrechtsgebieten vornehmlich isoliert voneinander betrachtet, ohne dass aus dem einen Rechtsgebiet Schlüsse für das jeweils andere gezogen werden. Vor diesem Hintergrund ist das zentrale Anliegen dieser Studie zu untersuchen, ob ein einheitlicher, das Privatrecht durchdringender Bestimmtheitsgrundsatz ausgemacht werden kann. Damit in Zusammenhang steht nicht nur die Frage, ob sich identische Anforderungen an die Bestimmtheit festmachen lassen oder ob mehrere Stufen von Bestimmtheit existieren, sondern auch, ob aus der Unterscheidung zwischen materiellem Recht und Prozessrecht spezifische Charakteristika für die Bestimmtheit von Rechtsgeschäften bzw. Prozesshandlungen folgen; gleiches trifft auch auf die das

---

[3] Siehe dazu noch Kapitel 6 § 1.

[4] Allgemein zum Begriff der (parteibezogenen) Prozesshandlung *Jacoby*, Zivilprozessrecht, Kap. 6 Rn. 46 ff.; *Jauernig/Hess*, Zivilprozessrecht, § 30 Rn. 1 ff.; Stein/Jonas/*Kern*, vor § 128 Rn. 237 ff.; *Lüke*, Zivilprozessrecht I, § 19 Rn. 1 ff.; *Pohlmann*, Zivilprozessrecht, § 6 Rn. 276 ff.; MünchKommZPO/*Rauscher*, Einleitung Rn. 440 ff.; *Rosenberg/Schwab/Gottwald*, Zivilprozessrecht, § 58 ff.; *Schilken/Brinkmann*, Zivilprozessrecht, § 4 Rn. 12 ff.; ferner *Wagner*, Prozeßverträge, 22 f.

[5] Zur Rechtsnatur der Klageerhebung als Prozesshandlung Wieczorek/Schütze/*Assmann*, § 253 Rn. 7 f.; *Jauernig/Hess*, Zivilprozessrecht, § 30 Rn. 4; Stein/Jonas/*Kern*, vor § 128 Rn. 248; *Lüke*, Zivilprozessrecht I, § 19 Rn. 5; MünchKommZPO/*Rauscher*, Einleitung Rn. 444; *Rosenberg/Schwab/Gottwald*, Zivilprozessrecht, § 89 Rn. 7; *Schilken/Brinkmann*, Zivilprozessrecht, § 4 Rn. 20 u. § 5 Rn. 12.

[6] Siehe dazu noch Kapitel 7 § 2.

deutsche Privatrecht prägende Differenzierung zwischen Verpflichtungs- und Verfügungsgeschäften zu[7].

Es versteht sich von selbst, dass nicht auf sämtliche Gesichtspunkte eingegangen werden kann, die im Privatrecht in den unterschiedlichsten Rechtsgebieten mit dem Bestimmtheitsgrundsatz aufkommen. So wird namentlich der (früher) im Personengesellschaftsrecht anzutreffende Bestimmtheitsgrundsatz ausgeklammert.[8] Insoweit handelt es sich aus funktionaler Perspektive auch nur vordergründig um eine Frage der Bezeichnungsgenauigkeit. Im Wesentlichen geht es darum, für die Minderheit eindeutig erkennbar zu machen, in welchen Fällen sie überstimmt werden kann. Der gesellschaftsrechtliche Bestimmtheitsgrundsatz befasst sich mithin mit der Frage, ob und unter welchen Voraussetzungen vom im Personengesellschaftsrecht geltenden Einstimmigkeitsprinzip abgewichen werden kann; es handelt sich demnach funktional um ein Instrument des Minderheitenschutzes.

Kernanliegen dieses Beitrags ist die Herausarbeitung allgemeiner Grundzüge, die das Privatrecht in den unterschiedlichen Rechtsgebieten an die Bestimmtheit von Rechtsgeschäften bzw. Prozesshandlungen stellt. Dazu ist zunächst das Recht der vertraglichen Schuldverhältnisse in den Blick zu nehmen (Kapitel 2). Im Anschluss werden Gestaltungsrechte (Kapitel 3), das Sachenrecht (Kapitel 4) und das Recht der Forderungsabtretung (Kapitel 5) analysiert. Ein Blick ins Prozessrecht beendet die Untersuchung der in dieser Studie thematisierten Rechtsgebiete, wobei zwischen dem Erkenntnis- (Kapitel 6) und dem Vollstreckungsverfahren unterschieden wird (Kapitel 7). Die Skizzierung von Grundzügen eines allgemeinen Bestimmtheitsgrundsatzes im Privatrecht beschließt die Studie (Kapitel 8).

---

[7] Allgemein zum damit in Zusammenhang stehenden Trennungs- und Abstraktionsprinzip *Baur/Stürner*, Sachenrecht, § 5 Rn. 40 ff.; *Bork*, BGB AT, § 13 Rn. 445 ff. u. 476 ff.; HK-BGB/*Dörner*, vor §§ 104 ff. Rn. 10; *Füller*, Eigenständiges Sachenrecht?, 112 ff.; *Grigoleit*, AcP 199 (1999), 379, 380 f.; Staudinger/*Heinze*, vor §§ 929 ff. Rn. 15 ff.; *Huber*, in: FS für Claus-Wilhelm Canaris, 471, 474 ff.; *Jauernig*, JuS 1994, 721; BeckOGK BGB/*Klinck*, § 929 Rn. 3 ff.; *Lieder*, Die rechtsgeschäftliche Sukzession, 264 ff.; *Medicus/Petersen*, BGB AT, § 20 Rn. 220 ff.; *Neuner*, BGB AT, § 29 Rn. 23 ff. u. 66 ff.; MünchKommBGB/*Oechsler*, § 929 Rn. 5 u. 8 ff.; *Säcker*, in: FS für Apostolos Georgiades, 359, 369 ff.; *Stadler*, Gestaltungsfreiheit und Verkehrsschutz durch Abstraktion, 7 f. u. passim; *dies.*, BGB AT, § 16 Rn. 15; *Vieweg/Lorz*, Sachenrecht, § 1 Rn. 10; *Wellenhofer*, Sachenrecht, § 3 Rn. 11 f.

[8] Zum personengesellschaftsrechtlichen Bestimmtheitsgrundsatz bzw. zu dessen Aufgabe durch die Rspr. BGHZ 203, 77, 82 ff. Rn. 9 ff.; BGH NZG 2020, 1384 f. Rn. 11; *Altmeppen*, NJW 2015, 2065; *W. Goette/M. Goette*, DStR 2016, 74; *Klöhn*, AcP 216 (2016), 281, 285 f. u. 289; *Schäfer*, Gesellschaftsrecht, § 7 Rn. 10; *Ulmer*, ZIP 2015, 657; *Westermann*, in: FS für Apostolos Georgiades, 465, 481 ff. Zur weiteren gesellschaftsrechtsrechtlichen, mit dem Bestimmtheitsgebot zusammenhängenden Fragen, siehe etwa BGH NZG 2014, 184, 187 Rn. 25 ff. (Bestimmtheitsanforderungen bzgl. der Teilung eines GmbH-Geschäftsanteils).

Kapitel 2

Bestimmtheit im Recht der vertraglichen Schuldverhältnisse

Der Umstand, dass auf der Ebene des Verpflichtungsgeschäfts üblicherweise geringere Anforderungen an die Bezeichnungsgenauigkeit gestellt werden, als dies beim Verfügungsgeschäft der Fall ist,[9] darf nicht darüber hinwegtäuschen, dass auch im Schuldvertragsrecht entsprechende inhaltliche Mindestanforderungen erfüllt seien müssen, damit ein Vertrag zustande kommt. Naturgemäß kann es hier nur darum gehen, allgemeine Grenzen aufzuzeigen. Speziellen, im besonderen Schuldrecht zu findenden Bestimmungen, die etwa dem Gericht ermöglichen, selbst eine Lücke hinsichtlich wesentlicher Vertragspunkte zu schließen – zu denken wäre in dieser Hinsicht etwa an § 612 Abs. 2 BGB sowie § 632 Abs. 2 BGB –, wird in dieser Studie nicht weiter nachgegangen[10].

§ 1 Allgemeine Mindestanforderungen

Im Ausgangspunkt bedarf jeder Vertrag eines (einigermaßen) bestimmten Leistungsinhalts – auch wenn sich hinsichtlich des geforderten Maßes an Konkretisierung Unterschiede bei den einzelnen Vertragstypen ergeben. In diesem Zusammenhang ist die Formulierung gebräuchlich, dass der von den Parteien mittels Angebots und Annahme erreichte Konsens die wesentlichen Vertragspunkte (essentialia negotii) umfassen muss.[11] Andernfalls ist der Vertrag (schon) nicht zustande gekommen;[12]

---

[9] Siehe dazu noch Kapitel 4 § 3 u. § 4 sowie Kapitel 5 § 2.

[10] Siehe in diesem Zusammenhang Erman BGB/*Armbrüster*, § 145 Rn. 2; *Bork*, BGB AT, § 18 Rn. 712; Staudinger/*ders.*, § 145 Rn. 17; MünchKommBGB/*Busche*, § 145 Rn. 6 u. § 154 Rn. 3; *Diederichsen*, in: FS zum 125jährigen Bestehen der Juristischen Gesellschaft zu Berlin, 81, 93; HK-BGB/*Dörner*, § 145 Rn. 3; BeckOK BGB/*Eckert*, § 145 Rn. 34; Grüneberg/*Ellenberger*, § 154 Rn. 2; *Jung*, JuS 1999, 28, 30 f.; *Looschelders*, Schuldrecht AT, § 11 Rn. 25; BeckOGK BGB/*Möslein*, § 145 Rn. 108; *Neuner*, BGB AT, § 37 Rn. 5; *Stadler*, BGB AT, § 19 Rn. 3; Soergel/*Wolf*, § 145 Rn. 4. Hinsichtlich weiterer Vorschriften, die sich ebenfalls mit der Überwindung von Bestimmtheitsmängel befassen, wäre ferner an die §§ 366 Abs. 2, 396 Abs. 1 S. 2 BGB zu denken. Dazu etwa *M. Becker*, AcP 188 (1988), 24, 47.

[11] Erman BGB/*Armbrüster*, vor § 145 Rn. 4; MünchKommBGB/*Bachmann*, § 241 Rn. 15; *Bork*, BGB AT, § 19 Rn. 763; Staudinger/*ders.*, § 145 Rn. 17; PWW/*Brinkmann*, § 145 Rn. 4; MünchKommBGB/*Busche*, § 145 Rn. 6; *Diederichsen*, in: FS zum 125jährigen Bestehen der Juristischen Gesellschaft zu Berlin, 81, 90; HK-BGB/*Dörner*, § 145 Rn. 3; BeckOK BGB/

eines Rückgriffs auf die §§ 154 f. BGB bedürfe es daher nicht[13]. Diese Rechtsfolge war noch explizit im ersten Entwurf der zweiten Kommission zum BGB vorgesehen. Ihr § 78 Abs. 1 lautete:[14]

> „Solange die Vertragsschließenden über die nach dem Gesetze zum Wesen des zu schließenden Vertrages gehörenden Teile sich nicht geeinigt haben, ist der Vertrag nicht geschlossen."

Allein aus dem Umstand, dass diese Vorschrift letztlich nicht Gesetz geworden ist, lässt sich nichts Gegenteiliges herleiten. Deren Streichung war lediglich der Einsicht geschuldet, dass es einer solchen Vorschrift schon gar nicht bedürfe. Für den Gesetzgeber war es selbstverständlich, bei fehlender Übereinkunft über wesentliche Vertragsbestandteile nicht von einem Vertragsschluss auszugehen; eine explizite Regelung war aus seiner Perspektive daher überflüssig.[15] Daraus darf allerdings nicht der Schluss gezogen werden, dass es im Belieben der Parteien steht, losgelöst von der Einhaltung bestimmter Mindestanforderungen einen (wirksamen) Vertrag zu begründen, bzw. dass es allein auf den Willen ankommt, eine rechtsgeschäftliche Bindung zu erreichen[16]. Zwar ließe sich dafür im Ausgangspunkt die aus der Privatautonomie herrührende Vertragsfreiheit fruchtbar machen.[17] Einzelne sollen demnach ihre Rechtsverhältnisse nach ihrem Willen gestalten können, was auch auf die inhaltliche Ausgestaltung ihrer Verträge erstreckt wird (Inhaltsfreiheit)[18] – und

---

Eckert, § 145 Rn. 34; Grüneberg/*Ellenberger*, vor § 145 Rn. 3; *Flume*, AT II, § 34 6 b); *Gsell*, AcP 203 (2003), 119, 126; *Jung*, JuS 1999, 28, 29; Jauernig/*Mansel*, vor §§ 145 ff. Rn. 2 u. § 145 Rn. 1 ff.; *Medicus/Petersen*, BGB AT, § 29 Rn. 431; BeckOGK BGB/*Möslein*, § 145 Rn. 108; *Neuner*, BGB AT, § 37 Rn. 4; Soergel/*Wolf*, § 145 Rn. 4; vgl. auch *Schäfer*, WM 1999, 153, 158.

[12] Siehe diesbzgl. schon die Nachweise in Fn. 2.

[13] BGH NJW-RR 2006, 1139, 1141 Rn. 21; Erman BGB/*Armbrüster*, § 154 Rn. 2; *Bork*, BGB AT, § 19 Rn. 763 f.; Staudinger/*ders.*, § 154 Rn. 3 u. 8; PWW/*Brinkmann*, § 154 Rn. 3; MünchKommBGB/*Busche*, § 154 Rn. 3; *Diederichsen*, in: FS zum 125jährigen Bestehen der Juristischen Gesellschaft zu Berlin, 81, 91; HK-BGB/*Dörner*, § 154 Rn. 2; BeckOK BGB/*Eckert*, § 154 Rn. 5; *Gsell*, AcP 203 (2003), 119, 132; Jauernig/*Mansel*, § 154 Rn. 2; *Medicus/Petersen*, BGB AT, § 29 Rn. 438; BeckOGK BGB/*Möslein*, § 154 Rn. 15 f.; *Neuner*, BGB AT, § 38 Rn. 3; *Petersen*, JURA 2009, 419, 420; *Rödl*, AcP 215 (2015), 683, 702; *Stadler*, BGB AT, § 19 Rn. 38.

[14] *Mugdan*, Die gesamten Materialien zum BGB, Bd. 1, LXXIX u. 441.

[15] Vgl. *Mugdan*, Die gesamten Materialien zum BGB, Bd. 2, 623; *Diederichsen*, in: FS zum 125jährigen Bestehen der Juristischen Gesellschaft zu Berlin, 81, 89; *Flume*, AT II, § 34 6 b); *Jung*, JuS 1999, 28, 29; *Stadler*, BGB AT, § 19 Rn. 38.

[16] So (noch) Soergel/*Wolf*, § 154 Rn. 6; dem folgendend BeckOGK BGB/*Möslein*, § 154 Rn. 16.

[17] Siehe zur Privatautonomie bzw. Vertragsfreiheit noch Kapitel 8 § 2.

[18] Zur Inhaltsfreiheit als Unterpunkt der Vertragsfreiheit *Bork*, BGB AT, § 17 Rn. 661; *Busche*, Privatautonomie und Kontrahierungszwang, 70 f.; MünchKommBGB/*ders.*, vor § 145 Rn. 24 ff.; *Fikentscher/Heinemann*, Schuldrecht, § 20 Rn. 114 ff.; *Flume*, AT II, § 1 8 a); *Looschelders*, Schuldrecht AT, § 11 Rn. 2 ff.; *Medicus/Lorenz*, Schuldrecht I, § 9 Rn. 3; BeckOGK BGB/*Möslein*, § 145 Rn. 34 f.; *Musielak*, JuS 2017, 949 f.; *Neuner*, BGB AT, § 10

dies möglichst unabhängig von gesetzlichen bzw. externen Vorgaben. Überdies findet sich im Gesetz kein Kriterienkatalog von zwingenden Anforderungen, die unabhängig vom Parteiwillen zu beachten sind. Angesichts der gesetzgeberischen Motive, die der Streichung des § 78 Abs. 1 zugrunde lagen (bloße „Selbstverständlichkeit"), kann allerdings nicht davon ausgegangen werden, dass die Frage eines vertraglichen Mindestinhalts gänzlich zur Disposition der Parteien stehen soll[19]. Daran vermag auch die Existenz der §§ 154 f. BGB nichts zu ändern. Zwar kann daraus abgeleitet werden, dass eine Lücke nicht grundsätzlich einem Vertragsschluss entgegensteht.[20] Diese Aussage kann jedoch hinsichtlich der essentialia negotii nur bedingt aufrechterhalten werden. Fehlt es diesbezüglich an Indizien bzw. Kriterien, wie die Lücke durch Auslegung oder Anwendung des dispositiven Gesetzesrechts gefüllt werden kann, entbehrt der Vertrag eines (rechtlichen) Sinns.[21] Einem Vertrag, dessen essentialia negotii nicht festgestellt werden können, fehlt die von § 241 Abs. 1 BGB vorausgesetzte Durchsetzbarkeit[22] und damit die rechtliche Relevanz;[23] ihm kann höchstens im außerrechtlichen Bereich eine Bedeutung zukommen. Dies wird auch bei der Frage deutlich, wie sog. objektiv perplexe Erklärungen und der Vorvertrag behandelt werden. Objektiv perplexe Erklärungen zeichnen sich dadurch aus, dass sie in sich widersprüchlich oder widersinnig sind und deren Widersprüchlichkeit nicht mittels Rückgriffs auf sämtliche in Betracht kommende Auslegungsinstrumente – etwa auch der falsa demonstratio non nocet – behoben werden kann. Daher verwundert es nicht, dass solchen Erklärungen ebenfalls die rechtliche Wirksamkeit versagt wird.[24] Der Vorvertrag begründet für die Parteien die Verpflichtung, einen anderen schuldrechtlichen Vertrag (Hauptvertrag) abzu-

---

Rn. 37 f.; *Petersen*, JURA 2011, 184; *Stadler*, BGB AT, § 3 Rn. 4; PWW/*M. Stürner*, § 311 Rn. 15 ff.; ferner Grüneberg/*Ellenberger*, vor § 145 Rn. 13; *Jahnke*, ZZP 93 (1980), 43, 48.

[19] Vgl. diesbzgl. auch die Nachweise in Fn. 11.

[20] Staudinger/*Bork*, § 154 Rn. 1; MünchKommBGB/*Busche*, § 154 Rn. 3; *Jung*, JuS 1999, 28; BeckOGK BGB/*Möslein*, § 154 Rn. 5 ff.; ferner *Bork*, BGB AT, § 18 Rn. 720 u. § 19 Rn. 766; *Flume*, AT II, § 34 6 c); *Medicus/Lorenz*, Schuldrecht I, § 19 Rn. 3; *Rödl*, AcP 215 (2015), 683, 702 f.

[21] Vgl. *Jung*, JuS 1999, 28, 29; *Kramer*, in: FS für Claus-Wilhelm Canaris, 665, 666; *Medicus/Petersen*, BGB AT, § 29 Rn. 436.

[22] Vgl. diesbzgl. MünchKommBGB/*Bachmann*, § 241 Rn. 15 f.; BeckOGK BGB/*Möslein*, § 145 Rn. 15.

[23] Vgl. auch *Jung*, JuS 1999, 28, 29.

[24] Zur Behandlung bzw. Rechtsfolge perplexer Erklärungen BGHZ 20, 109, 110; BGH NJW 1984, 721; 1986, 1035 f.; 2005, 2618, 2619; NJW-RR 2006, 281, 282; PWW/*Ahrens*, § 133 Rn. 15; Erman BGB/*A. Arnold*, § 133 Rn. 13; *Biehl*, JuS 2010, 195, 197; *Bork*, BGB AT, § 14 Rn. 543; MünchKommBGB/*Busche*, § 133 Rn. 60; HK-BGB/*Dörner*, § 133 Rn. 14; Grüneberg/*Ellenberger*, § 133 Rn. 6a; *Flume*, AT II, § 16 3 e); Soergel/*Hefermehl*, § 133 Rn. 23; Jauernig/*Mansel*, § 133 Rn. 2; *Medicus/Petersen*, BGB AT, § 48 Rn. 759; *dies.*, Bürgerliches Recht, § 6 Rn 133 f. u. § 7 Rn. 155; BeckOGK BGB/*Möslein*, § 133 Rn. 24; Staudinger/*Singer*, § 133 Rn. 10 u. 23.

schließen. Da direkt auf Abschluss des Hauptvertrags geklagt werden kann,[25] überrascht es nicht, dass sich die Anforderungen, die an die Bestimmtheit von Vor- und Hauptvertrag gestellt werden, im Wesentlichen entsprechen. Trotz in eine andere Richtung deutende Aussagen des BGH, wonach der Vorvertrag nicht das Maß an Vollständigkeit aufweisen müsse, das für den Hauptvertrag zu verlangen sei,[26] macht ein Vorvertrag nur Sinn, wenn im Streitfall der Inhalt des Hauptvertrags vom Gericht festgestellt werden kann. Es muss daher möglich sein, die essentialia negotii des Hauptvertrags bereits durch den Vorvertrag hinreichend zu konkretisieren.[27] Ob daneben auch das (rechtsökonomische) Argument trägt, mittels allgemeiner Mindestanforderungen eine Schonung von Justizressourcen[28] bzw. allgemein eine Reduzierung der Kosten zu erreichen, die mit unbestimmten Rechtszuständen einhergehen,[29] soll an anderer Stelle beurteilt werden[30].

Schließlich zeigen auch die §§ 315 ff. BGB, dass das Gesetz von der Einhaltung gewisser Mindestvorgaben ausgeht. So verlangt § 315 Abs. 1 BGB eine Einigung darüber, dass die geschuldete Leistung zu bestimmen ist bzw. zunächst offenbleiben kann und welche Partei diese festlegen soll; gleiches trifft auf § 317 Abs. 1 BGB zu, wenn die Bestimmung der Leistung einem Dritten überlassen wurde.[31] § 316 BGB

---

[25] BGH NJW 2001, 1285, 1286, 2006, 2843, 2845 Rn. 26; Erman BGB/*Armbrüster*, vor § 145 Rn. 50; *Bork*, BGB AT, § 17 Rn. 691 u. 694; Staudinger/*ders.*, vor §§ 145 ff. Rn. 57 u. 67; PWW/*Brinkmann*, vor §§ 145 ff. Rn. 32; MünchKommBGB/*Busche*, vor § 145 Rn. 69; BeckOK BGB/*Eckert*, § 145 Rn. 22; Grüneberg/*Ellenberger*, vor § 145 Rn. 21; *Geiben*, Der Vorvertrag im Internationalen Privatrecht, 57; *Herzog*, Der Vorvertrag im schweizerischen und deutschen Schuldrecht, 192 f.; *Köhler*, JURA 1979, 465, 467; Jauernig/*Mansel*, vor §§ 145 ff. Rn. 5; BeckOGK BGB/*Möslein*, § 145 Rn. 82; *Ritzinger*, NJW 1990, 1201, 1207; *von Hase*, Vertragsbindung durch Vorvertrag, 23 f.; Soergel/*Wolf*, vor § 145 Rn. 68; a. A. *Freitag*, AcP 207 (2007), 287, 302 ff., wonach der Vorvertrag nur als Basis für vertragliche Schadensersatzansprüche dienen könne.

[26] Exemplarisch BGHZ 97, 147, 154; BGH BB 1953, 97; DNotZ 1963, 35, 36; NJW-RR 1995, 1453; NJW 2001, 1285, 1286; vgl. auch Grüneberg/*Ellenberger*, vor § 145 Rn. 20.

[27] Zu den Bestimmtheitsanforderungen beim Vorvertrag BGH NJW 1990, 1234, 1235; NJW-RR 1993, 139, 140; 2010, 1410, 1411 Rn. 15; OLG Frankfurt NJOZ 2015, 916, 917 Rn. 138; Erman BGB/*Armbrüster*, vor § 145 Rn. 47; *Bork*, BGB AT, § 17 Rn. 691 ff.; Staudinger/*ders.*, vor §§ 145 ff. Rn. 57; PWW/*Brinkmann*, vor §§ 145 ff. Rn. 28; MünchKommBGB/*Busche*, vor § 145 Rn. 63; *Casper*, Der Optionsvertrag, 78 ff.; HK-BGB/*Dörner*, § 145 Rn. 11; BeckOK BGB/*Eckert*, § 145 Rn. 23; Grüneberg/*Ellenberger*, vor § 145 Rn. 20; *Flume*, AT II, § 33 7; *Geiben*, Der Vorvertrag im Internationalen Privatrecht, 46 f.; *Herzog*, Der Vorvertrag im schweizerischen und deutschen Schuldrecht, 162 f.; *Köhler*, JURA 1979, 465, 466 f.; Jauernig/*Mansel*, vor §§ 145 ff. Rn. 5; BeckOGK BGB/*Möslein*, § 145 Rn. 80; *Ritzinger*, NJW 1990, 1201, 1204; *von Hase*, Vertragsbindung durch Vorvertrag, 115 ff.; Soergel/*Wolf*, vor § 145 Rn. 62; in der Sache auch schon *Mugdan*, Die gesamten Materialien zum BGB, Bd. 1, 450.

[28] In diese Richtung MünchKommBGB/*Bachmann*, § 241 Rn. 16.

[29] Vgl. diesbzgl. *Lieder*, Die rechtsgeschäftliche Sukzession, 305 ff.

[30] Dazu noch Kapitel 8 § 1 B.

[31] HK-BGB/*Fries/Schulze*, § 315 Rn. 1 u. 3; Grüneberg/*Grüneberg*, § 315 Rn. 1; *Joussen*, AcP 203 (2003), 429, 431 u. 433 ff.; *Medicus/Lorenz*, Schuldrecht I, § 19 Rn. 5; BeckOGK

erweitert die Regelungen auf den Fall, in dem offenbleibt, wer über den Umfang der geschuldeten Gegenleistung entscheiden soll;[32] die andere (Haupt-)Leistung muss allerdings im Vertrag spezifiziert worden sein[33]. Andernfalls ist es dem Gericht nicht möglich, die (Gegen-)Leistung nach den §§ 315 Abs. 3, 319 Abs. 1 BGB zu überprüfen bzw. festzusetzen; gleiches trifft auch auf den Fall zu, in dem eine Lückenfüllung mittels Auslegung bzw. Anwendung des dispositiven Gesetzesrechts scheitert. Würde das Gericht in derartigen Konstellationen dennoch tätig werden, stünde ein grundsätzlicher Eingriff in die vertragliche Beziehung zur Debatte.[34] Es besteht die Gefahr, dass sich die Aufgabe des Gerichts nicht lediglich in der Konkretisierung einer Leistung erschöpft, sondern in der originären Schaffung vertraglicher Primärleistungspflichten mündet. In einem Rechtssystem, das auf der Privatautonomie beruht, soll aber das Zustandekommen eines Vertrags – und die damit zusammenhängende Bestimmung der Primärleistungspflichten – nicht autoritativer (gerichtlicher) Anordnung, sondern den Parteien obliegen. Insoweit kann auch das aus der Privatautonomie abgeleitete Argument der möglichst weitgehenden Inhaltsfreiheit vertraglicher Vereinbarungen nicht überzeugen. Ohnehin handelt es sich bei der Privatautonomie bzw. der Vertragsfreiheit um ein Rechtsprinzip[35], das per se nicht (immer) absolut verwirklicht werden kann. Überdies steht mit der Annahme „vollkommener" Inhaltsfreiheit eine viel größere Gefahr für die Vertragsfreiheit im Raum, als dies mit der Statuierung gewisser inhaltlicher Mindestanforderungen einhergeht.

§ 2 Konkretisierung der allgemeinen Mindestanforderungen

Bei der Frage, wie sich inhaltliche Mindestanforderungen für vertragliche Schuldverhältnisse ermitteln lassen, kann sowohl auf den Grundsatz der Privatautonomie bzw. der Vertragsfreiheit als auch auf einfachgesetzliche Bestimmungen

---

BGB/*Netzer*, § 315 Rn. 3 u. 12; Staudinger/*Rieble*, § 315 Rn. 12 u. 277 f.; MünchKommBGB/*Würdinger*, § 315 Rn. 2 u. 13; ferner Erman BGB/*Hager*, § 315 Rn. 1 u. 7; *Jung*, JuS 1999, 28, 29 f.; Jauernig/*Stadler*, § 315 Rn. 6 u. 8.

[32] HK-BGB/*Fries/Schulze*, § 316 Rn. 1; Grüneberg/*Grüneberg*, § 316 Rn. 1; Erman BGB/*Hager*, § 316 Rn. 1; BeckOGK BGB/*Netzer*, § 316 Rn. 2; Staudinger/*Rieble*, § 316 Rn. 1; Jauernig/*Stadler*, § 316 Rn. 1; MünchKommBGB/*Würdinger*, § 316 Rn. 1.

[33] HK-BGB/*Fries/Schulze*, § 316 Rn. 1; Grüneberg/*Grüneberg*, § 316 Rn. 2; BeckOGK BGB/*Netzer*, § 316 Rn. 3; Jauernig/*Stadler*, § 316 Rn. 2; vgl. Erman BGB/*Hager*, § 315 Rn. 2; *Jung*, JuS 1999, 28, 30 f.; MünchKommBGB/*Würdinger*, § 316 Rn. 8.

[34] Vgl. diesbzgl. auch MünchKommBGB/*Bachmann*, § 241 Rn. 16; *Bork*, BGB AT, § 19 Rn. 763; MünchKommBGB/*Busche*, § 154 Rn. 1; *Flume*, AT II, § 34 6 c); *Jung*, JuS 1999, 28, 30 f.; *Medicus/Petersen*, BGB AT, § 17 Rn. 172, 176 u. § 29 Rn. 430; *Neuner*, BGB AT, § 38 Rn. 3.

[35] Allgemein *Alexy*, Theorie der Grundrechte, 71 ff.; *Dworkin*, Bürgerrechte ernstgenommen, 54 ff.; ferner *Möllers*, Juristische Methodenlehre, § 9 Rn. 21 ff.; *Riesenhuber*, ZfPW 2018, 352, 354 f.

zurückgegriffen werden. Da es dem Kernanliegen der Privatautonomie entspricht, eine selbstbestimmte Regelung rechtlicher Beziehungen zu gewährleisten, müssen die Identität der Vertragsparteien sowie deren Stellung als Gläubiger oder Schuldner so von den Parteien festgelegt werden, dass eine Individualisierung möglich ist; dies lässt sich mittelbar auch aus § 241 BGB ableiten, der mit der Nennung von Gläubiger und Schuldner die Grundstruktur des Schuldverhältnisses festlegt[36]. Gleiches trifft auf die Frage des Ob der Leistung und die Frage, ob die Leistungen im Gegenseitigkeitsverhältnis stehen sollen, zu.[37] Hinsichtlich der Art der Leistung und des Leistungsumfangs kann auf die §§ 315 ff. BGB abgestellt werden.[38] Die Parteien müssen sich, wenn sie die Art der Leistung nicht festgelegt haben, zumindest darüber einigen, dass die Leistung nachträglich bestimmt werden und wem das diesbezügliche Bestimmungsrecht zukommen soll. Aus § 316 BGB folgt allerdings, dass die Bestimmung des Umfangs der Gegenleistung offenbleiben kann. Darüber hinausgehende inhaltliche Mindestanforderungen können auch aus § 241 Abs. 1 BGB nicht gewonnen werden. Ungeachtet der Frage, ob der Norm lediglich eine „theoretisierende Bestimmung ohne große Aussagekraft" zuzusprechen ist[39], erschöpft sich ihr Regelungsgehalt im Wesentlichen in einem Verweis auf das noch zu begründende Schuldverhältnis; § 241 Abs. 1 BGB kommt daher in erster Linie ein erläuternder Charakter zu[40]. Ein weiterer Umkehrschluss lässt sich zudem aus § 243 Abs. 1 BGB entnehmen: Die Qualität der geschuldeten Leistung kann nicht zu den inhaltlichen Mindestanforderungen gezählt werden.[41]

Verfehlt die vertragliche Vereinbarung dieses Minimum an Bestimmtheit, besteht – wie schon gesehen – die Gefahr, dass das Gericht nicht lediglich den Vertragsinhalt konkretisiert, sondern – zumindest partiell – einen Vertrag konstituiert. Hierin läge

---

[36] Vgl. auch Erman BGB/*Armbrüster*, vor § 145 Rn. 4 u. § 145 Rn. 2; MünchKommBGB/*Bachmann*, § 241 Rn. 1, 5 u. 17; *Bork*, BGB AT, § 18 Rn. 712 u. 716; Staudinger/*ders.*, § 145 Rn. 17 u. 19; PWW/*Kramme*, § 241 Rn. 1 u. 7; MünchKommBGB/*Busche*, § 145 Rn. 6; *Fikentscher/Heinemann*, Schuldrecht, § 7 Rn. 45; *Jung*, JuS 1999, 28, 29; BeckOGK BGB/*Möslein*, § 145 Rn. 108 f.; *Neuner*, BGB AT, § 38 Rn. 2; HK-BGB/*Schulze*, § 241 Rn. 2 f.; *Stadler*, BGB AT, § 19 Rn. 3; Soergel/*Wolf*, § 145 Rn. 4.

[37] *Bork*, BGB AT, § 18 Rn. 712; Staudinger/*ders.*, § 145 Rn. 17; *Jung*, JuS 1999, 28, 29 f.; ferner MünchKommBGB/*Busche*, § 145 Rn. 6; *Fikentscher/Heinemann*, Schuldrecht, § 7 Rn. 45; BeckOGK BGB/*Möslein*, § 145 Rn. 108; *Stadler*, BGB AT, § 19 Rn. 3.

[38] Allgemein Erman BGB/*Armbrüster*, § 145 Rn. 2; MünchKommBGB/*Bachmann*, § 241 Rn. 18; Staudinger/*Bork*, § 154 Rn. 3 u. 8; PWW/*Brinkmann*, § 154 Rn. 4; MünchKommBGB/*Busche*, § 145 Rn. 6 u. § 154 Rn. 3; *Diederichsen*, in: FS zum 125jährigen Bestehen der Juristischen Gesellschaft zu Berlin, 81, 93; HK-BGB/*Dörner*, § 145 Rn. 3; Grüneberg/*Ellenberger*, vor § 145 Rn. 3; *Flume*, AT II, § 34 6 b) u. e); *Joussen*, AcP 203 (2003), 429, 431; Jauernig/*Mansel*, § 154 Rn. 3; *Medicus/Petersen*, BGB AT, § 29 Rn. 432; BeckOGK BGB/*Möslein*, § 145 Rn. 108; Staudinger/*Rieble*, § 315 Rn. 12; *Schäfer*, WM 1999, 153, 158; *Stadler*, BGB AT, § 19 Rn. 3.

[39] So (noch) MünchKommBGB/*Kramer*, 5. Aufl., § 241 Rn. 1.

[40] In diese Richtung auch MünchKommBGB/*Bachmann*, § 241 Rn. 1; Grüneberg/*Grüneberg*, § 241 Rn. 1.

[41] Siehe dazu noch Kapitel 2 § 3.

ein schwerwiegender Eingriff in die Privatautonomie bzw. Vertragsfreiheit, der sich nur in außergewöhnlichen Konstellationen rechtfertigen ließe – zu denken ist etwa an die Konstellationen, in denen ein Kontrahierungszwang angenommen wird[42]. Wo die Parteien nicht einmal Mindestinhalte des Vertrags festlegen, ist es im Übrigen relativ unwahrscheinlich, dass das in diesem Fall zur Inhaltsbestimmung aufgerufene Gericht den Parteiwillen feststellen kann. Deshalb muss zumindest in der weit überwiegenden Anzahl der Fälle ein hinreichend bestimmter Parteiwille statt staatlicher Gestaltung zum Zuge kommen. Dies verlangt den Parteien allerdings auch ein Minimum an inhaltlicher Bestimmtheit ab. Nur so lässt sich einem schwerwiegenden Eingriff in die Privatautonomie vorbeugen – ungeachtet der tatsächlichen Probleme, die mit der (gerichtlichen) Konkretisierung eines Vertrags einhergingen, bei dem es an den hier herausgearbeiteten inhaltlichen Mindestanforderungen fehlt.

§ 3 Die Unterscheidung zwischen Gattungs- und Stückschuld

Nicht nur bei der Frage, welches Maß an Bestimmtheit allgemein bei vertraglichen Schuldverhältnissen zu verlangen ist, ist man mit inhaltlichen Mindestanforderungen konfrontiert, sondern auch bei der Unterscheidung zwischen Gattungs- und Stückschuld wird die Frage der Bestimmtheit virulent. Diese Unterscheidung ist deshalb von besonderem Interesse, weil neben den §§ 315 ff. BGB insbesondere die Existenz des § 243 BGB als Rechtfertigung dafür herangezogen wird, von unterschiedlichen Bestimmtheitsanforderungen auf der schuldrechtlichen und der dinglichen Ebene auszugehen: Während bei Verpflichtungsgeschäften Bestimmbarkeit des Leistungsumfangs ausreicht, wird bei Verfügungsgeschäften – mit leicht abgestuften Anforderungen im Rahmen der Forderungsabtretung – eine präzise Bezeichnung der betroffenen Rechtspositionen gefordert.[43]

---

[42] Dazu *Bork*, BGB AT, § 17 Rn. 664 ff.; Staudinger/*ders.*, vor §§ 145 ff. Rn. 15 ff.; *Busche*, Privatautonomie und Kontrahierungszwang, 124 ff.; MünchKommBGB/*ders.*, vor § 145 Rn. 12 ff.; HK-BGB/*Dörner*, vor §§ 145 ff. Rn. 4; Grüneberg/*Ellenberger*, vor § 145 Rn. 8 f.; *Looschelders*, Schuldrecht AT, § 6 Rn. 3 ff.; Jauernig/*Mansel*, vor §§ 145 ff. Rn. 9 ff.; *Medicus/Lorenz*, Schuldrecht I, § 10 Rn. 1 ff.; BeckOGK BGB/*Möslein*, § 145 Rn. 50 ff.; *Musielak*, JuS 2017, 949, 950; *Neuner*, BGB AT, § 48 Rn. 7 ff.; *C. Paulus/Zenker*, JuS 2001, 1, 5; *Petersen*, JURA 2011, 184, 186; *Stadler*, BGB AT, § 3 Rn. 9 ff.; Soergel/*Wolf*, vor § 145 Rn. 50 ff.

[43] Zu den Bestimmtheitsanforderungen im Sachenrecht und bei der Abtretung von Forderungen siehe noch Kapitel 4 § 3 u. 4 sowie Kapitel 5 § 2.

A. Die Gattungsschuld

Die Gattungsschuld zeichnet sich durch die Besonderheit aus, dass der Leistungsgegenstand nicht eindeutig individualisiert ist.[44] Es bleibt mit anderen Worten offen, welches konkrete Objekt Gegenstand der Leistung sein soll. Stattdessen wird es mit Hilfe allgemeiner Merkmale umschrieben. Die Festlegung der Eigenschaften obliegt zuvörderst den Parteien; diese können die Merkmale der Gattung entweder eng oder weit ziehen.[45] Nur wenn es an einer diesbezüglichen Übereinkunft fehlt, legt § 243 Abs. 1 BGB den Standard für die Bestimmung des Leistungsgegenstands fest: Im Zweifel ist eine Sache mittlerer Art und Güte zu leisten. In diesem Zusammenhang darf nicht unerwähnt bleiben, dass § 243 BGB keineswegs auf Sachen beschränkt ist; es entspricht der überwiegenden Auffassung, ihn auf Forderungen und sonstige Rechte analog anzuwenden.[46]

Die Vereinbarung einer Gattungsschuld ist für die Parteien insofern mit Vorteilen verbunden, als ein wirksamer Vertragsschluss bereits zu einem Zeitpunkt erfolgen kann, zu dem der Schuldner weder über eine entsprechende Sache verfügt noch etwaige Beschaffungsbemühungen angestellt hat.[47] Die Möglichkeit, einen Vertrag bereits zu einem solch „frühen" Zeitpunkt abzuschließen, gibt beiden Parteien Planungssicherheit. Der Gläubiger erlangt schon früh ein Anspruch auf Übertragung des Leistungsgegenstands sowie diesen Anspruch flankierende Sekundärrechte; der Anreiz, weitere Beschaffungsmöglichkeiten auszuloten, ist entsprechend reduziert. Für den Schuldner ist die Vereinbarung einer Gattungsschuld mit einem weitgehenden Gestaltungsspielraum verbunden. Die Dispositionsfreiheit über seine Waren bleibt ihm so lange wie möglich – d. h. bis zur Konkretisierung, § 243 Abs. 2 BGB –

---

[44] Soergel/*S. Arnold*, § 243 Rn. 3; Jauernig/*Berger*, § 243 Rn. 3; BeckOGK BGB/*Beurskens*, § 243 Rn. 2 u. 11 f.; *Canaris*, in: FS für Wolfgang Wiegand, 179, 181; MünchKommBGB/*Emmerich*, § 243 Rn. 5; *Fikentscher/Heinemann*, Schuldrecht, § 28 Rn. 245; Grüneberg/*Grüneberg*, § 243 Rn. 1 f.; PWW/*Kramme*, § 243 Rn. 4; *Looschelders*, Schuldrecht AT, § 13 Rn. 4; *Medicus/Lorenz*, Schuldrecht I, § 17 Rn. 1 f.; Staudinger/*Schiemann*, § 243 Rn. 6; HK-BGB/*Schulze*, § 243 Rn. 1 u. 3; BeckOK BGB/*Sutschet*, § 243 Rn. 2 u. 4; Erman BGB/*Ulber*, § 243 Rn. 1 u. 3.

[45] Soergel/*S. Arnold*, § 243 Rn. 3 u. 6; Jauernig/*Berger*, § 243 Rn. 3; BeckOGK BGB/*Beurskens*, § 243 Rn. 14; MünchKommBGB/*Emmerich*, § 243 Rn. 6 f. u. 19; Grüneberg/*Grüneberg*, § 243 Rn. 2; *Jahnke*, ZZP 93 (1980), 43, 49; *Looschelders*, Schuldrecht AT, § 13 Rn. 5 u. 7; *Medicus/Lorenz*, Schuldrecht I, § 17 Rn. 5; Staudinger/*Schiemann*, § 243 Rn. 8; HK-BGB/*Schulze*, § 243 Rn. 3; BeckOK BGB/*Sutschet*, § 243 Rn. 6; Erman BGB/*Ulber*, § 243 Rn. 3 f.

[46] Soergel/*S. Arnold*, § 243 Rn. 5; Jauernig/*Berger*, § 243 Rn. 2; BeckOGK BGB/*Beurskens*, § 243 Rn. 4 ff.; MünchKommBGB/*Emmerich*, § 243 Rn. 2 u. 19; Grüneberg/*Grüneberg*, § 243 Rn. 1; PWW/*Kramme*, § 243 Rn. 3; *Looschelders*, Schuldrecht AT, § 13 Rn. 6; *Medicus/Lorenz*, Schuldrecht I, § 17 Rn. 2; Staudinger/*Schiemann*, § 243 Rn. 44 ff.; HK-BGB/*Schulze*, § 243 Rn. 2; BeckOK BGB/*Sutschet*, § 243 Rn. 3; Erman BGB/*Ulber*, § 243 Rn. 2a f.; vgl. auch *Jahnke*, ZZP 93 (1980), 43, 50; *Medicus*, JuS 1966, 297, 306.

[47] Siehe allgemein zu der Interessenlage der Parteien bei einem Vertragsschluss *Lobach*, Inhalt und Grenzen des Erfüllungsanspruchs, 13 ff.; *Riehm*, Der Grundsatz der Naturalerfüllung, 43 ff.; *M.-P. Weller*, Die Vertragstreue, 323 ff.

erhalten; bis zur Auswahl eines erfüllungstauglichen Stücks unterliegt er keinem bestimmten Pflichtenprogramm.[48] Als Kehrseite dieser Freiheit bei Auswahl und Beschaffung des Leistungsgegenstands trifft den Schuldner eine vergleichsweise strenge Beschaffungs- bzw. Erfüllungspflicht. Vor diesem Hintergrund ist auch die Aussage zu erklären, dass der Schuldner bei einer Gattungsschuld das Beschaffungsrisiko trägt, er mithin alle zur Beschaffung des Leistungsgegenstands erforderlichen Handlungen vornehmen muss – wobei der Umfang des übernommenen Risikos von der Art der Gattungsschuld bzw. der vertraglichen Vereinbarung abhängt.[49] Dies gilt ungeachtet der Streichung des § 279 BGB durch das Schuldrechtsmodernisierungsgesetz; § 276 Abs. 1 S. 1 a.E. BGB schließt insoweit an § 279 BGB a.F. an.[50]

B. Die Stückschuld

Bei der Stückschuld ist der Leistungsgegenstand individuell bestimmt; das Pflichtenprogramm des Schuldners beschränkt sich auf die Beschaffung eines von den Parteien konkretisierten Objekts.[51] Anders als bei der Gattungsschuld in § 243 Abs. 1 BGB sind gesetzlich statuierte Modalitäten für die Bestimmung des Leistungsgegenstands nicht erforderlich, da dem Schuldner kein Entscheidungsspielraum verbleibt: Die Auswahl des Leistungsgegenstands wurde bereits in der vertraglichen Vereinbarung getroffen.[52] Dieser mit der Vereinbarung einer Stückschuld verbundene Verlust an Dispositionsfreiheit ist für den Schuldner nicht nur mit Nachteilen verbunden. Die Sach- bzw. Leistungsgefahr – das Risiko, trotz Untergangs des Erfüllungsobjekts zur (nochmaligen) Leistung verpflichtet zu sein – trägt

[48] Vgl. Soergel/*S. Arnold*, § 243 Rn. 7; Jauernig/*Berger*, § 243 Rn. 6; BeckOGK BGB/*Beurskens*, § 243 Rn. 39f.; *Canaris*, in: FS für Wolfgang Wiegand, 179, 186ff.; MünchKommBGB/*Emmerich*, § 243 Rn. 15; Grüneberg/*Grüneberg*, § 243 Rn. 3f.; *Looschelders*, Schuldrecht AT, § 13 Rn. 7; *Medicus*, JuS 1966, 297, 299; Staudinger/*Schiemann*, § 243 Rn. 6; HK-BGB/*Schulze*, § 243 Rn. 5; Erman BGB/*Ulber*, § 243 Rn. 1 u. 10f.

[49] Grundlegend zur Haftung für Beschaffungsrisiken *Canaris*, in: FS für Wolfgang Wiegand, 179, 202ff.; ferner Soergel/*S. Arnold*, § 243 Rn. 7; *Bartels/Sajnovits*, JZ 2014, 322, 324f.; BeckOGK BGB/*Beurskens*, § 243 Rn. 40ff.; *Fikentscher/Heinemann*, Schuldrecht, § 28 Rn. 250f.; PWW/*Kramme*, § 243 Rn. 7ff. u. § 276 Rn. 27ff.; *Looschelders*, Schuldrecht AT, § 13 Rn. 9ff.; *Medicus/Lorenz*, Schuldrecht I, § 17 Rn. 5ff.; *Medicus/Petersen*, Bürgerliches Recht, § 13 Rn. 255ff. u. 266ff.; Staudinger/*Schiemann*, § 243 Rn. 19; HK-BGB/*Schulze*, § 243 Rn. 6; BeckOK BGB/*Sutschet*, § 243 Rn. 20f.

[50] Dazu und zu den mit der Neufassung verbundenen Differenzierungen im Vergleich zur alten Rechtslage MünchKommBGB/*Grundmann*, § 276 Rn. 178; siehe ferner BeckOGK BGB/*Beurskens*, § 243 Rn. 42 u. 44; *Canaris*, in: FS für Wolfgang Wiegand, 179, 214ff.

[51] Soergel/*S. Arnold*, § 243 Rn. 2; Jauernig/*Berger*, § 243 Rn. 4; MünchKommBGB/*Emmerich*, § 243 Rn. 8; Grüneberg/*Grüneberg*, § 243 Rn. 1; *Looschelders*, Schuldrecht AT, § 13 Rn. 2f.; *Medicus/Lorenz*, Schuldrecht I, § 17 Rn. 1; Staudinger/*Schiemann*, § 243 Rn. 12; HK-BGB/*Schulze*, § 243 Rn. 4; BeckOK BGB/*Sutschet*, § 243 Rn. 10.

[52] Vgl. Soergel/*S. Arnold*, § 243 Rn. 2; BeckOGK BGB/*Beurskens*, § 243 Rn. 19; Erman BGB/*Ulber*, § 243 Rn. 5.

der Gläubiger der Sachleistung; eine (Wieder)Beschaffungspflicht des Schuldners kommt insoweit nicht in Betracht.[53]

C. Unterschiede und Gemeinsamkeiten

I. Im materiellen Recht

Auf den ersten Blick erscheinen die Unterschiede immens. Allgemein gesprochen kann der Hauptunterschied (auch) daran ausgemacht werden, wer den Prozess beherrscht. Bei der Gattungsschuld ist dies der Schuldner; ihm obliegt die Auswahl und Beschaffung des Leistungsgegenstands aus der von den Parteien oder gesetzlich festgelegten Menge. Bei der Stückschuld ist die Gestaltungsfreiheit über diesen Prozess dem Schuldner weitestgehend entzogen. Dass sich die unterschiedliche Herrschaftsverteilung auch auf das weitere Primär- und Sekundärpflichtenprogramm der Parteien auswirkt, kann daneben nicht überraschen.

Diese Unterschiede dürfen aber nicht darüber hinwegtäuschen, dass auf den zweiten Blick durchaus Gemeinsamkeiten zwischen Stückschuld und Gattungsschuld ausgemacht werden können. Schon § 243 Abs. 2 BGB lässt erkennen, dass zwischen den beiden Schuldtypen ein vergleichsweise nahtloser Übergang die Regel ist: Mit Konkretisierung wird der Leistungsgegenstand zum Erfüllungsobjekt des Schuldverhältnisses; die Gattungsschuld wird zur Stückschuld.[54] Aus der Perspektive des Bestimmtheitsgrundsatzes entspricht der Übergang zwischen Stückschuld und Gattungsschuld einer Trennung in Planung und (unmittelbarer) Vollzugsvorbereitung, wobei ersteres dem Vertragsschluss (Ebene des Verpflichtungsgeschäfts) und letzteres der Erfüllung in Gestalt der Übereignung bzw. Abtretung (Ebene des Verfügungsgeschäfts) in zeitlicher Hinsicht nahesteht.[55] Spätestens im Zeitpunkt der Erfüllung bzw. des Vollzugs ist der betreffende Leistungsgegenstand eindeutig festzulegen; Raum für unterschiedliche Anforderungen an die Bestimmtheit kann dann nicht mehr bestehen.[56] Ferner gibt es Parallelen zu der Differenzierung zwi-

---

[53] *Medicus/Lorenz*, Schuldrecht I, § 17 Rn. 11.

[54] Zu den Rechtsfolgen der Konkretisierung Soergel/*S. Arnold*, § 243 Rn. 14; Jauernig/*Berger*, § 243 Rn. 10f.; BeckOGK BGB/*Beurskens*, § 243 Rn. 98ff.; MünchKommBGB/*Emmerich*, § 243 Rn. 22ff.; *Fikentscher/Heinemann*, Schuldrecht, § 28 Rn. 248ff.; Grüneberg/*Grüneberg*, § 243 Rn. 7; PWW/*Kramme*, § 243 Rn. 10ff.; *Looschelders*, Schuldrecht AT, § 13 Rn. 16f.; *Medicus*, JuS 1966, 297ff.; *ders./Lorenz*, Schuldrecht I, § 17 Rn. 11ff.; *ders./Petersen*, Bürgerliches Recht, § 13 Rn. 258ff.; Staudinger/*Schiemann*, § 243 Rn. 38ff.; HK-BGB/*Schulze*, § 243 Rn. 8f.; BeckOK BGB/*Sutschet*, § 243 Rn. 18f.; Erman BGB/*Ulber*, § 243 Rn. 18ff.

[55] Vgl. zur Trennung zwischen Planung und Vollzug auch *Kern*, in: FS für Rolf Stürner, 161, 163 u. 174; ferner *Fikentscher/Heinemann*, Schuldrecht, § 28 Rn. 245; *Huber*, in: für FS Claus-Wilhelm Canaris, 471, 480 u. 502; *Stadler*, BGB AT, § 16 Rn. 12.

[56] Vgl. diesbzgl. auch *Jahnke*, ZZP 93 (1980), 43, 47.

schen relativen und absoluten Rechten.[57] Vor diesem Hintergrund kann die Aussage verstanden werden, dass dem Gläubiger der Leistungsgegenstand vor der Übereignung schuldrechtlich zuzuordnen ist.[58] Ihm stehen zwar Ansprüche gegen den Schuldner zu; eine absolute Rechtsposition besteht allerdings erst im Zeitpunkt der Eigentumsverschaffung.

II. Im Prozessrecht

Überdies bestehen Gemeinsamkeiten bei der gerichtlichen Geltendmachung. Eine Leistungsklage kann sowohl bei einer Stückschuld als auch bei einer Gattungsschuld direkt auf Erfüllung erhoben werden; den Anforderungen des § 253 Abs. 2 Nr. 2 ZPO ist damit – auch wegen § 884 ZPO – genüge getan.[59] Aus prozessökonomischen Gründen ist bei einer Gattungsschuld eine Klage gegen den Schuldner auf Beschaffung oder auf Ausübung seines mit der Konkretisierung einhergehenden Leistungsbestimmungsrechts nicht erforderlich. Zudem ist fraglich, ob und unter welchen Voraussetzungen dies wegen des in § 887 Abs. 3 ZPO normierten Subsidiaritätsgrundsatzes überhaupt möglich ist – Titel zur Erwirkung der Herausgabe oder der Leistung von Sachen sind grundsätzlich nach den §§ 883 ff. ZPO zu vollstrecken; der Einsatz von Beugemitteln, um den Schuldner zu einer Handlung zu bewegen, ist im System der §§ 883 ff. ZPO nicht vorgesehen.[60]

Angesichts dieser Parallelen im Erkenntnisverfahren kann es kaum überraschen, dass sich die Gemeinsamkeiten auf der Ebene des Vollstreckungsrechts fortsetzen – zumindest was die Zwangsvollstreckung zur Herausgabe vertretbarer beweglicher Sachen angeht. Die Herausgabe im Titel spezifizierter beweglicher Sachen vollzieht sich durch Wegnahme des Gerichtsvollziehers und anschließender Aushändigung an

---

[57] Diese Unterscheidung findet ihren (modernen) Ursprung bei *Savigny* (siehe dazu noch Kapitel 4 § 1). Der Gedanke kann allerdings bei der Zession nicht herangezogen werden, da der Inhaberschaft einer Forderung nur relative Wirkung zukommt (dazu Fn. 168).

[58] In allgemeiner Hinsicht etwa *Picker*, AcP 183 (1983), 369, 511 ff.; ferner *Lobinger*, Rechtsgeschäftliche Verpflichtung und autonome Bindung, 90 f. Hinsichtlich § 285 BGB *Hartmann*, Der Anspruch auf das stellvertretende commodum, 21 ff. u. 61 ff.; *J. Hoffmann*, JURA 2014, 71, 75; *Lobinger*, JuS 1993, 453, 456; demgegenüber kritisch *Stoll*, in: FS für Peter Schlechtriem, 677, 685 ff. Bzgl. einer Stückschuld vgl. MünchKommBGB/*Emmerich*, § 243 Rn. 16; Erman BGB/*Ulber*, § 243 Rn. 12.

[59] BeckOGK BGB/*Beurskens*, § 243 Rn. 68; *Jahnke*, ZZP 93 (1980), 43, 49 f.; vgl. MünchKommZPO/*Gruber*, § 884 Rn. 3.

[60] Allgemein zur „Sperrwirkung“ des § 887 Abs. 3 ZPO Stein/Jonas/*Bartels*, § 883 Rn. 4, § 884 Rn. 2 u. § 887 Rn. 3 ff.; Kindl/Meller-Hannich/*Bendtsen*, § 887 ZPO Rn. 1; MünchKommZPO/*Gruber*, § 887 Rn. 2 ff.; *Jauernig/Berger/Kern*, Zwangsvollstreckungsrecht, § 26 Rn. 24; Wieczorek/Schütze/*Rensen*, § 887 Rn. 9; Zöller/*Seibel*, § 884 Rn. 2 u. § 887 Rn. 2. Für die Anwendbarkeit der Beugemittel des § 888 Abs. 1 ZPO, wenn die Beschaffung aus der Gattung einen selbständigen Wert hat, *Bartels/Sajnovits*, JZ 2014, 322, 328 ff.; *Lippross/Bittmann*, Zwangsvollstreckungsrecht, § 16 Rn. 295; vgl. auch BGH NJW 2016, 645, 646 Rn. 20 ff.; *Gaul/Schilken/Becker-Eberhard*, Zwangsvollstreckungsrecht, § 70 Rn. 6; *Schilken*, DGVZ 1988, 49, 52 f.

den Gläubiger, § 883 Abs. 1 ZPO. Was eine Gattungsschuld angeht, wird zwischen vertretbaren und unvertretbaren Sachen differenziert. Die Vollstreckung zur Herausgabe vertretbarer Sachen gestaltet sich nach § 884 ZPO analog zur Herausgabe konkreter beweglicher Sachen; die nach § 243 Abs. 2 BGB notwendige Konkretisierung erfolgt dann durch den Gerichtsvollzieher.[61] Die Beschränkung der Herausgabevollstreckung auf vertretbare Sachen ist dem Umstand geschuldet, einer Überforderung des Vollstreckungsorgans entgegenzuwirken.[62] Vor diesem Hintergrund erklärt sich auch die Voraussetzung, dass der Vollstreckungstitel den Standard, dem die Leistung des Schuldners entsprechen muss, eindeutig zu spezifizieren hat.[63]

Die Herausgabevollstreckung unvertretbarer beweglicher Sachen ist problematischer, obwohl der Ausgangspunkt identisch ist: Die Unbestimmtheit des Leistungsgegenstands wird erst im Vollstreckungsverfahren behoben; eine direkte Vollstreckung in Gestalt der Wegnahme scheidet mangels konkretisierten Vollstreckungsobjekts aus. Anders als bei vertretbaren beweglichen Sachen fehlt es hinsichtlich unvertretbarer Sachen an einer expliziten vollstreckungsrechtlichen Regelung. Der analogen Anwendung der §§ 883 f. ZPO wird überwiegend eine Absage erteilt.[64] Zentral ist neben einem Verweis auf die Entstehungsgeschichte das aus dem Formalisierungsgrundsatz[65] abgeleitete Argument, einer Belastung des Vollstreckungsverfahrens mit Sachfragen (so weit wie möglich) zu vermeiden. Aber auch eine zweiaktige Vollstreckung, in der zunächst die Beschaffung bzw. Konkretisierung als unvertretbare Handlung über § 888 Abs. 1 ZPO mittels Zwangsgeld und Zwangshaft durchzusetzen ist, wird von der herrschenden Auffassung unter Bezugnahme auf § 887 Abs. 3 ZPO verwehrt – es sei denn, die Handlung wurde explizit im Titel tenoriert.[66] Um diese Vollstreckungslücke der Naturalexekution zu schließen

---

[61] *Baur/Stürner/Bruns*, Zwangsvollstreckungsrecht, Rn. 39.9; Kindl/Meller-Hannich/*Bendtsen*, § 884 ZPO Rn. 2; *Brox/Walker*, Zwangsvollstreckungsrecht, § 35 Rn. 19; *Gaul/Schilken/Becker-Eberhard*, Zwangsvollstreckungsrecht, § 70 Rn. 14; MünchKommZPO/*Gruber*, § 884 Rn. 6 u. 8; *Jauernig/Berger/Kern*, Zwangsvollstreckungsrecht, § 26 Rn. 11; *Lobach*, Inhalt und Grenzen des Erfüllungsanspruchs, 241; *Lüke*, Zivilprozessrecht II, § 34 Rn. 5; *Pohlmann/Schäfers*, Zwangsvollstreckungsrecht, § 3 Rn. 458; Wieczorek/Schütze/*Rensen*, § 884 Rn. 12; Zöller/*Seibel*, § 884 Rn. 2; BeckOK ZPO/*M. Stürner*, § 884 Rn. 2. Allgemein zur Vollstreckung von Gattungsschulden *Jahnke*, ZZP 93 (1980), 43, 52 ff.

[62] *Schilken*, DGVZ 1988, 49, 52; vgl. *Jahnke*, ZZP 93 (1980), 43, 45 u. 54; diesbzgl. kritisch Kindl/Meller-Hannich/*Bendtsen*, § 883 ZPO Rn. 13; siehe dazu auch noch Kapitel 7 § 1.

[63] MünchKommZPO/*Gruber*, § 884 Rn. 3; *Jahnke*, ZZP 93 (1980), 43, 49 f.; ferner Wieczorek/Schütze/*Rensen*, § 884 Rn. 7.

[64] Siehe zur h. M. etwa Stein/Jonas/*Bartels*, § 884 Rn. 4; MünchKommZPO/*Gruber*, § 884 Rn. 5; *Jahnke*, ZZP 93 (1980), 43, 53 ff.; Wieczorek/Schütze/*Rensen*, § 883 Rn. 6; *Schilken*, DGVZ 1988, 49, 51 f.; Zöller/*Seibel*, § 883 Rn. 3; ferner Soergel/*S. Arnold*, § 243 Rn. 16; BeckOK ZPO/*M. Stürner*, § 883 Rn. 8.

[65] Siehe zur Formalisierung der Zwangsvollstreckung noch Kapitel 7 § 1.

[66] Stein/Jonas/*Bartels*, § 884 Rn. 2; Wieczorek/Schütze/*Rensen*, § 884 Rn. 1 u. 3; *Lobach*, Inhalt und Grenzen des Erfüllungsanspruchs, 241; *Pohlmann/Schäfers*, Zwangsvollstreckungsrecht, § 3 Rn. 470; *Schilken*, DGVZ 1988, 49, 51 f.; ferner BeckOGK BGB/*Beurskens*,

und das als schwerfällig empfundene Vollstreckungsverfahren des § 888 Abs. 1 ZPO zu überwinden, gewinnt in letzter Zeit die Auffassung an Zulauf, die eine analoge Anwendung von § 264 Abs. 1 BGB befürwortet.[67] Dann obläge es dem Gläubiger, die Vollstreckung auf einen bestimmten Leistungsgegenstand zu richten. Der damit einhergehende Herrschaftsverlust des Schuldners über den Prozess ist vor dem Hintergrund, dass ein schützenswertes Interesse des Schuldners an der Aufrechterhaltung seiner Dispositionsfreiheit nicht (mehr) zu erkennen ist – zumal der Schuldner die Vollstreckung durch Vornahme der Leistungshandlung einfach abwenden kann –, auch konsequent. Dies gilt umso mehr, als der Gläubiger auch bei der Herausgabevollstreckung vertretbarer Sachen konkrete Weisungen erteilen und somit die Vollstreckung auf einen bestimmten Leistungsgegenstand richten kann.[68] Der damit für den Schuldner einhergehende Verlust an Entscheidungsfreiheit kann daher als allgemeiner Rechtsgedanke des Vollstreckungsverfahrens ausgemacht werden. Den hinter dem Formalisierungsgrundsatz stehenden Wertungen kann damit genüge getan werden, dass statt des Gerichtsvollziehers der Gläubiger das Vollstreckungsobjekt festlegt; die materielle Herrschaft über den Prozess geht mit anderen Worten auf den Gläubiger über.

---

§ 243 Rn. 71; MünchKommZPO/*Gruber*, § 887 Rn. 5; *Jahnke*, ZZP 93 (1980), 43, 62; Musielak/Voit/*Lackmann*, § 884 Rn. 3.

[67] So schon *Jahnke*, ZZP 93 (1980), 43, 63 ff.; aus neuerer Zeit BeckOGK BGB/*Beurskens*, § 243 Rn. 70; Staudinger/*Schiemann*, § 243 Rn. 53; dagegen allerdings *Schilken*, DGVZ 1988, 49, 52.

[68] Dazu *Jahnke*, ZZP 93 (1980), 43, 65; *R. Stürner*, ZZP 99 (1986), 291, 301.

Kapitel 3

Bestimmtheit von Gestaltungsrechten

Gestaltungsrechte nehmen eine Zwitterstellung zwischen Verpflichtungs- und Verfügungsgeschäften ein. Einerseits wird durch ihre Ausübung unmittelbar die Rechtslage verändert, was sie in ihrer Wirkung Verfügungsgeschäften gleichstellt; andererseits hängen sie in ihrer Existenz vom einzuwirkenden Hauptrecht ab und finden sie sich im Gesetz in der Regel in dessen unmittelbarer Nähe.[69] Daher verwundert es nicht, dass auch an die Bezeichnungsgenauigkeit der Gestaltungserklärung gewisse inhaltliche Mindestanforderungen gestellt werden, damit von einer wirksamen Ausübung des Gestaltungsrechts gesprochen werden kann. Auch hier kann es nur darum gehen, allgemeine Grenzen aufzuzeigen. Hinzu kommt, dass angesichts der Fülle der im materiellen Recht vorkommenden Gestaltungsrechte eine Auswahl zu erfolgen hat. So wird speziellen, im besonderen Schuldrecht zu findenden Gestaltungsrechten – zu denken wäre etwa an Mängelgewährleistungsrechte und die Kündigung von Miet-, Pacht- sowie Arbeits- und Dienstverträgen – nicht weiter nachgegangen. Gleiches trifft auf Gestaltungsrechte des Familien- und Erbrechts zu. Zentrale Bedeutung kommt in dieser Studie der Anfechtung wegen Willensmängeln (§§ 119 ff. BGB) sowie dem allgemeinen Kündigungs- (§ 314 BGB), Widerrufs- (§§ 355 ff. BGB) und Rücktrittsrecht (§§ 346 ff. BGB) zu. Die folgende Analyse kann allerdings für die ebenfalls im Allgemeinen Teil bzw. Schuldrecht zu findenden Widerrufsrechte in Gestalt der §§ 109, 168 S. 2, 183 BGB, die Leistungsbestimmungsrechte (§§ 315 ff. BGB)[70] und die Aufrechnung (§§ 387 ff. BGB)[71] entsprechend herangezogen werden.

---

[69] Hinzu kommt, dass lediglich der Ausübung des Gestaltungsrechts eine Verfügungswirkung zukommt. Über das Gestaltungsrecht an sich wird allerdings nicht verfügt; es erlischt lediglich kraft Ausübung, ohne dass der Wille des Verfügenden darauf gerichtet sein muss. Siehe diesbzgl. auch *Flume*, AT II, § 11 5 d); *Neuner*, BGB AT, § 29 Rn. 33 u. Fn. 40. Ferner PWW/*Ahrens*, vor §§ 116 ff. Rn. 12; HK-BGB/*Dörner*, Vorbem. zu §§ 104–185 Rn. 4; *Leverenz*, JURA 1996, 1, 2 f.; Jauernig/*Mansel*, Vorbem. §§ 116 ff. Rn. 10; Erman BGB/*H. F. Müller*, Einleitung vor § 104 Rn. 25.

[70] Insoweit besteht allerdings die Besonderheit, dass die Leistungsbestimmung durch Urteil getroffen wird, wenn sie nicht der Billigkeit entspricht, § 315 Abs. 3 BGB. Das Leistungsbestimmungsrecht geht in derartigen Konstellationen nach unwirksamer Ausübung auf das Gericht über. Dies kann auch bei Unbestimmtheit der Leistungsbestimmung der Fall sein. Vgl. diesbzgl. auch *Büdenbender*, AcP 210 (2010), 611, 650; Erman BGB/*Hager*, § 315 Rn. 15; MünchKomm/*Würdinger*, § 315 Rn. 48.

[71] Bei einer Aufrechnung müssen neben der (konkludenten) Angabe des Aufrechnungsbegehrens sowohl die Hauptforderung als auch die Gegenforderung hinreichend konkret bezeichnet werden, so dass diese vom Gericht ermittelt werden können. Dazu Münch-

§ 1 Allgemeine Mindestanforderungen

Analog zum Recht der vertraglichen Schuldverhältnisse unterliegen auch Gestaltungsrechte bestimmten inhaltlichen Mindestanforderungen. So entspricht es der engen Anbindung der Gestaltungsrechte an das einzuwirkende Hauptrecht, dass die Parteien – der Inhaber des Gestaltungsrechts und der Gestaltungsgegner – identifiziert werden können müssen.[72] Gleiches trifft auf den Inhalt des Gestaltungsrechts zu. Sowohl das einzuwirkende Rechtsgeschäft als auch der Umstand, dass das entsprechende Gestaltungsrecht ausgeübt wird, müssen zum Ausdruck kommen.[73] Insoweit findet sich zum Teil die Maßgabe, bei der Ausübung von Gestaltungsrechten müsse die beabsichtigte Rechtsänderung klar und unzweideutig zum Ausdruck gebracht werden (Eindeutigkeitskriterium).[74] Dies scheint von dem Anliegen eingenommen zu sein, aufgrund der einseitigen Ausübbarkeit von Gestaltungsrechten bedürfe der Gestaltungsgegner eines besonderen Schutzes. Strengere Vorgaben, die über die allgemeinen Mindestanforderungen an die Bestimmtheit im Recht der vertraglichen Schuldverhältnisse hinausgehen, scheinen damit allerdings nicht verbunden zu sein[75] – eine Einsicht, die angesichts der Unbestimmtheit der Kriterien wenig überrascht. So heißt es denn auch, dass die Verwendung einer bestimmten Wortwahl – etwa dergestalt, dass der gesetzliche Begriff des Gestaltungsrechts verwendet werden muss – damit nicht verbunden sei; ausreichend soll vielmehr die (konkludente) Angabe des mit der Ausübung des Gestaltungsrechts verbundenen Ziels sein.[76] Daher verwundert es wenig, dass es auch unter Geltung des Eindeu-

---

KommBGB/*Schlüter*, § 388 Rn. 1. In dem Fall, in dem eine Partei Inhaber mehrerer zur Aufrechnung geeigneter Forderungen ist und der Aufrechnende die gegeneinander aufzurechnenden Forderungen nicht bestimmt, hilft § 396 Abs. 1 S. 2 BGB.

[72] Vgl. MünchKommBGB/*Gaier*, § 314 Rn. 41 u. § 349 Rn. 6; Grüneberg/*Grüneberg*, § 355 Rn. 5; Staudinger/*Kaiser*, § 355 Rn. 31; BeckOGK BGB/*Martens*, § 314 Rn. 68; BeckOGK BGB/*Mörsdorf*, § 355 Rn. 61; BeckOK BGB/*Müller-Christmann*, § 355 Rn. 24.

[73] Vgl. MünchKommBGB/*Busche*, § 143 Rn. 2; MünchKommBGB/*Fritsche*, § 355 Rn. 46; Grüneberg/*Grüneberg*, § 355 Rn. 5; Staudinger/*Kaiser*, § 355 Rn. 31; *Leverenz*, JURA 1996, 1, 7; *Mankowski*, Beseitigungsrechte, 683 u. 692; BeckOGK BGB/*Mörsdorf*, § 355 Rn. 61; BeckOK BGB/*Müller-Christmann*, § 355 Rn. 24.

[74] In diese Richtung (tendenziell) § 355 Abs. 1 S. 3 BGB: „eindeutig“; BGHZ 91, 324, 331; BGH NJW-RR 1995, 859; NJW 2017, 1660, 1663 Rn. 29; Grüneberg/*Ellenberger*, vor § 104 Rn. 17; HK-BGB/*Fries/Schulze*, § 355 Rn. 5; Erman BGB/*Koch*, § 355 Rn. 7; *Leverenz*, JURA 1996, 1, 7; Jauernig/*Mansel*, § 143 Rn. 2; *Neuner*, BGB AT, § 29 Rn. 36; *Stadler*, BGB AT, § 5 Rn. 8: „Gebot der Rechtsklarheit“; BeckOK BGB/*Wendtland*, § 143 Rn. 3. Vgl. auch *Hattenhauer*, Einseitige private Rechtsgestaltung, 255.

[75] In diese Richtung auch BeckOGK BGB/*Beurskens*, § 143 Rn. 6 u. 11; Staudinger/*Roth*, § 143 Rn. 3. Vgl. auch Erman BGB/*A. Arnold*, § 143 Rn. 1; *Canaris*, NJW 1984, 2281, 2282; *Flume*, AT II, § 31 2; *Mankowski*, Beseitigungsrechte, 714 f.; *Medicus/Petersen*, BGB AT, § 47 Rn. 717; BeckOGK BGB/*Mörsdorf*, § 355 Rn. 59 f.; *Probst*, JZ 1989, 878, 880.

[76] Vgl. BGHZ 91, 324, 331 f.; BGH NJW 2017, 1660, 1663 Rn. 29; NJW 2019, 2842, 2843 Rn. 27; PWW/*Ahrens*, § 143 Rn. 3; Erman BGB/*A. Arnold*, § 143 Rn. 1; *M. Becker*, AcP 188 (1988), 24, 43 f.; BeckOGK BGB/*Beurskens*, § 143 Rn. 5 u. 10; Erman BGB/*Böttcher*, § 314 Rn. 12; *Bork*, BGB AT, § 22 Rn. 905; MünchKommBGB/*Busche*, § 143 Rn. 2 u. § 314

tigkeitskriteriums zu zahlreichen Auslegungsfragen und entsprechenden Prozessen kam.

Sollte es am Vorliegen derartiger Mindestanforderungen mangeln, besteht wie im Recht der vertraglichen Schuldverhältnisse die Gefahr, dass die zur Entscheidung angerufenen Gerichte nicht mehr lediglich die Ausübung des Gestaltungsrechts feststellen, sondern letztlich selbst das in Rede stehende Gestaltungsrecht ausüben. Die Entscheidung, ob von Gestaltungsrechten Gebrauch gemacht wird, soll allerdings allein deren Inhabern obliegen.

Hinsichtlich der Bestimmung der inhaltlichen Mindestanforderungen bei Gestaltungsrechten ergeben sich keine Besonderheiten. Insoweit ist auf die allgemeinen Auslegungsgrundsätze des Privatrechts zurückzugreifen.[77] Dies bedeutet, dass das gesamte Verhalten der Parteien – mithin auch außerhalb des Rechtsgeschäfts liegende Umstände – für die Bestimmung der inhaltlichen Mindestanforderungen herangezogen werden kann.[78] Nur, wenn es dem Gericht unter Rückgriff auf alle zur Verfügung stehenden Auslegungsinstrumente nicht möglich ist, den Mindestinhalt festzustellen, geht die Ausübung des Gestaltungsrechts ins Leere. Auf den damit verbundenen Aufwand kommt es nicht an.

§ 2 Begründungserfordernis

Über die allgemeinen Mindestanforderungen, denen Gestaltungsrechte zu genügen haben, dürfte mit Ausnahme des Eindeutigkeitskriteriums grundsätzlich Konsens bestehen. Anders sieht es hingegen bei der Frage aus, welche darüber hinausgehenden Anforderungen an Gestaltungserklärungen zu stellen sind. So fin-

---

Rn. 41; HK-BGB/*Dörner*, § 143 Rn. 2; Grüneberg/*Ellenberger*, § 143 Rn. 3; *Flume*, AT II, § 31 2; MünchKommBGB/*Fritsche*, § 355 Rn. 46; Soergel/*Hefermehl*, § 143 Rn. 2; Staudinger/*Kaiser/Sittmann-Haury*, § 349 Rn. 25; Erman BGB/*Koch*, § 355 Rn. 7; *Leverenz*, JURA 1996, 1, 7; BeckOK BGB/*Lorenz*, § 314 Rn. 22; *Mankowski*, Beseitigungsrechte, 684 f.; BeckOGK BGB/*Martens*, § 314 Rn. 69; *Medicus/Petersen*, BGB AT, § 47 Rn. 717; Erman BGB/*Metzger*, § 349 Rn. 2; BeckOGK BGB/*Mörsdorf*, § 355 Rn. 61; BeckOK BGB/*Müller-Christmann*, § 355 Rn. 24; Staudinger/*Roth*, § 143 Rn. 2 f.; BeckOGK BGB/*Schall*, § 349 Rn. 2; BeckOK BGB/*H. Schmidt*, § 349 Rn. 3; *Stadler*, BGB AT, § 25 Rn. 18; PWW/*M. Stürner*, § 349 Rn. 1; BeckOK BGB/*Wendtland*, § 143 Rn. 3.

[77] Vgl. BGH NJW 1988, 2877; Erman BGB/*A. Arnold*, § 143 Rn. 1; BeckOGK BGB/*Beurskens*, § 143 Rn. 5 u. 11; *Bork*, BGB AT, § 22 Rn. 905; MünchKommBGB/*Busche*, § 143 Rn. 2; *Canaris*, NJW 1984, 2281, 2282; Staudinger/*Kaiser/Sittmann-Haury*, § 349 Rn. 25; Erman BGB/*Koch*, § 355 Rn. 7; *Mankowski*, Beseitigungsrechte, 691 u. 714; BeckOK BGB/*Müller-Christmann*, § 355 Rn. 24; *Probst*, JZ 1989, 878, 880 ff.; Staudinger/*Roth*, § 143 Rn. 3; BeckOK BGB/*H. Schmidt*, § 349 Rn. 3; *Stadler*, BGB AT, § 25 Rn. 18; Jauernig/*dies.*, § 355 Rn. 6.

[78] Vgl. BeckOGK BGB/*Beurskens*, § 143 Rn. 11 u. 17; MünchKommBGB/*Busche*, § 143 Rn. 2. Ferner HK-BGB/*Fries/Schulze*, § 355 Rn. 5; *Probst*, JZ 1989, 878, 881 f.; Staudinger/*Roth*, § 143 Rn. 3; BeckOK BGB/*Wendtland*, § 143 Rn. 4.

den sich Stimmen, die für eine Begründung – d. h. die Pflicht zur Mitteilung der tatsächlichen Umstände, die den Anlass für die Ausübung des Gestaltungsrechts bilden – von Gestaltungsrechten eintreten; zum Teil wird eine Begründungspflicht nur angenommen, wenn der Gestaltungsgegner nicht über die tatsächlichen Umstände informiert ist.[79] Sollte es der Gestaltungserklärung an den Gründen mangeln, warum das Gestaltungsrecht ausgeübt wird, geht das Gestaltungsrecht grundsätzlich ins Leere; die Begründung von Gestaltungsrechten wird daher als echte Wirksamkeitsvoraussetzung angesehen.[80]

De lege lata kann sich diese Ansicht nur auf Gestaltungsrechte beziehen, die kraft Gesetzes entweder ein explizites Begründungserfordernis vorsehen – zu denken wäre in diesem Fall etwa an den in dieser Studie nicht näher thematisierten § 573 Abs. 3 BGB – oder sich hinsichtlich eines Begründungserfordernisses indifferent verhalten[81]. Anders sieht es hingegen bei Gestaltungsrechten aus, bei denen sich die fehlende Begründungsbedürftigkeit schon unmittelbar aus dem Gesetz ergibt. Dies trifft etwa auf das allgemeine Verbraucherwiderrufsrecht zu, § 355 Abs. 1 S. 4 BGB.[82] Im Übrigen ist § 626 Abs. 2 S. 3 BGB zu nennen. Aus der Vorgabe, dass der Kündigende dem anderen Teil auf Verlangen den Kündigungsgrund unverzüglich schriftlich miteilen muss, wird ganz überwiegend geschlossen, dass die Begründung der Kündigung aus wichtigem Grund keine Wirksamkeitsvoraussetzung ist.[83] Die in

---

[79] Für eine generelle Begründungspflicht *Mankowski*, Beseitigungsrechte, 695 ff. In der Sache auch *Lent*, AcP 152 (1952/53), 401, 404 ff. Differenzierend nach der Schutzbedürftigkeit des Adressaten *Büdenbender*, AcP 210 (2010), 611, 639 ff.; *Neuner*, BGB AT, § 29 Rn. 36. Vgl. auch Erman BGB/*A. Arnold*, § 143 Rn. 2; MünchKommBGB/*Busche*, § 143 Rn. 8; *Flume*, AT II, § 31 2.

[80] Vgl. BeckOGK BGB/*Beurskens*, § 143 Rn. 12; *Büdenbender*, AcP 210 (2010), 611, 645; *Lent*, AcP 152 (1952/53), 401, 411. Siehe zur Frage, ob die Gründe der Gestaltungserklärung nachgeschoben werden können, noch Kapitel 3 § 3.

[81] So kann etwa dem Gesetzestext der §§ 143, 314 u. 349 BGB keine (explizite) Aussage hinsichtlich einer Begründungspflicht entnommen werden. Vgl. diesbzgl. auch die Nachweise in Fn. 94.

[82] Als Rechtfertigung kann neben europa- bzw. verbraucherrechtlichen Gründen auch darauf abgestellt werden, dass das allgemeine Verbraucherwiderrufsrecht nicht an besondere materielle Voraussetzungen gebunden ist; das Vorliegen der formellen Voraussetzungen – etwa Form und Frist – ist für den Geschäftsgegner typischerweise einfach festzustellen. Siehe zur Begründungsfreiheit des allgemeinen Verbraucherwiderrufsrechts auch *Büdenbender*, AcP 210 (2010), 611, 616 f. u. 620; HK-BGB/*Fries/Schulze*, § 355 Rn. 7; MünchKommBGB/*Fritsche*, § 355 Rn. 46; Grüneberg/*Grüneberg*, § 355 Rn. 5; Staudinger/*Kaiser*, § 355 Rn. 32; Erman BGB/*Koch*, § 355 Rn. 7; *Mankowski*, Beseitigungsrechte, 699 f.; BeckOK BGB/*Müller-Christmann*, § 355 Rn. 24; Jauernig/*Stadler*, § 355 Rn. 6.

[83] BT-Drucks. V/4376, S. 3; BeckOGK BGB/*Günther*, § 626 Rn. 114 f.; MünchKommBGB/*Henssler*, § 626 Rn. 70; BeckOK BGB/*Plum/Horcher*, § 626 Rn. 75; Erman BGB/*Riesenhuber*, § 626 Rn. 28; Staudinger/*Temming*, § 626 Rn. 257; Grüneberg/*Weidenkaff*, § 626 Rn. 32. Ferner *M. Becker*, AcP 188 (1988), 24, 39 f.; *Büdenbender*, AcP 210 (2010), 611, 620 f. u. 625; *Mankowski*, Beseitigungsrechte, 707; Jauernig/*Mansel*, § 626 Rn. 23; PWW/*Merten*, § 626 Rn. 16.

§ 626 Abs. 2 S. 3 BGB enthaltene Bestimmung wird darüber hinaus im allgemeinen, in § 314 BGB statuierten Kündigungsrecht analog herangezogen.[84]

Daher verwundert es nicht, dass sich die Diskussion auf die „restlichen" Gestaltungsrechte fokussiert. Zentrale Bedeutung kommt in diesem Zusammenhang der Anfechtungserklärung (§ 143 BGB) zu. Insoweit ist zwar die Angabe des Anfechtungsgrunds nicht erforderlich; die tatsächlichen Gründe, auf die die Anfechtung gestützt werden, müssen allerdings nach der überwiegenden Auffassung für den Anfechtungsgegner erkennbar sein.[85] Danach sind die tatsächlichen Gründe der Anfechtungserklärung grundsätzlich beizufügen; zwischen den unterschiedlichen Anfechtungsgründen wird dabei nicht differenziert[86]. Sollten diese Gründe dem Anfechtungsgegner bereits bekannt oder zumindest erkennbar seien, soll die Mitteilungspflicht des Anfechtenden hingegen entfallen.[87] Gleiches trifft bei „Offenkundigkeit" der Gründe zu. Anders sieht es hingegen beim Rücktritt aus. Hier entspricht es der ganz herrschenden Auffassung, dass die Rücktrittserklärung weder den Rücktrittsgrund noch die den Rücktritt begründenden tatsächlichen Umstände enthalten muss.[88]

§ 3 Synthese

Das zentrale Argument, das für eine Begründung von Gestaltungsrechten angeführt wird, sind die einschneidenden Wirkungen – die einseitige Einwirkung auf ein Rechtsverhältnis –, die mit der Ausübung von Gestaltungsrechten für den Gegner verbunden sind. Aufgrund dieser Belastung müsse der Gestaltungsgegner in die Lage versetzt werden, zu überprüfen, ob die materiellen Voraussetzungen des Gestal-

---

[84] Zur Anwendung des § 626 Abs. 2 S. 3 BGB im Rahmen des § 314 BGB Grüneberg/*Grüneberg*, § 314 Rn. 10; BeckOGK BGB/*Martens*, § 314 Rn. 69; Jauernig/*Stadler*, § 314 Rn. 7. Ferner Erman BGB/*Böttcher*, § 314 Rn. 12; MünchKommBGB/*Gaier*, § 314 Rn. 41; PWW/*M. Stürner*, § 314 Rn. 15.

[85] OLG Hamm NJOZ 2014, 1982, 1983; PWW/*Ahrens*, § 143 Rn. 4; Erman BGB/*A. Arnold*, § 143 Rn. 2; *Bork*, BGB AT, § 22 Rn. 906; MünchKommBGB/*Busche*, § 143 Rn. 8; Grüneberg/*Ellenberger*, § 143 Rn. 3; *Flume*, AT II, § 31 2; Soergel/*Hefermehl*, § 143 Rn. 2; *Lessmann*, JuS 1970, 504, 505; *Medicus/Petersen*, BGB AT, § 47 Rn. 724; *Neuner*, BGB AT, § 41 Rn. 15; Staudinger/*Roth*, § 143 Rn. 11; *Stadler*, BGB AT, § 25 Rn. 18; BeckOK BGB/*Wendtland*, § 143 Rn. 4.

[86] Vgl. ebd.

[87] Aus allgemeiner Perspektive *Neuner*, BGB AT, § 29 Rn. 36.

[88] BGHZ 99, 182, 192; OLG Brandenburg NJW-RR 2012, 88, 90; HK-BGB/*Fries/Schulze*, § 349 Rn. 1; MünchKommBGB/*Gaier*, § 349 Rn. 5; Grüneberg/*Grüneberg*, § 349 Rn. 1; Soergel/*Lobinger*, § 349 Rn. 3; Staudinger/*Kaiser/Sittmann-Haury*, § 349 Rn. 31; Erman BGB/*Metzger*, § 349 Rn. 2; BeckOGK BGB/*Schall*, § 349 Rn. 20; BeckOK BGB/*H. Schmidt*, § 349 Rn. 3; Jauernig/*Stadler*, § 349 Rn. 1; PWW/*M. Stürner*, § 349 Rn. 1.

tungsrechts tatsächlich vorlägen.[89] Andernfalls bliebe der Gestaltungsgegner im Unklaren und könne sein Verhalten nicht an die (neue) Rechtslage anpassen. Dies träfe insbesondere hinsichtlich Gestaltungsrechten zu, die ihren Grund klassischerweise in der Sphäre des Inhabers des Gestaltungsrechts haben; zu denken wäre diesbezüglich etwa an das in § 119 statuierte Anfechtungsrecht.[90] Hingegen wird bei Gestaltungsrechten, die ihren Grund in der Sphäre des Gestaltungsgegners haben – zu denken wäre etwa an § 123 Abs. 1 BGB, aber auch an das mangelbedingte Rücktrittsrecht –[91], oder wenn der Gestaltungsgegner über die Gründe bereits informiert ist, in Übereinstimmung mit der herrschenden Auffassung im Anfechtungsrecht zum Teil für eine Entbehrlichkeit der Begründungspflicht eingetreten.[92]

Auch wenn eine allgemeine Begründungspflicht von Anfechtungs- und Rücktrittserklärung auf den ersten Blick durchaus plausibel erscheint, sprechen gegen sie doch generelle Bedenken.[93] So finden sich weder in § 143 BGB noch in § 349 BGB Anhaltspunkte im Wortlaut, die eine Begründungspflicht nahelegen könnten.[94] Des Weiteren lassen sich insbesondere aus § 355 Abs. 1 S. 4 BGB für die hiesige Frage keine Schlussfolgerungen ziehen. Dass der Verbraucherwiderruf nicht begründet werden muss, lässt sich entweder im Sinne eines Erst-Recht-Schlusses oder eines Umkehrschlusses deuten. Auch kann nicht gesagt werden, dass sich der Gesetzgeber dort für eine Begründungspflicht von Gestaltungsrechten ausgesprochen hat, die ihren Grund typischerweise in der Sphäre des Inhabers des Gestaltungsrechts haben. Wäre dies der Fall, wäre insbesondere bei der Irrtumsanfechtung (§ 119 BGB) eine Begründungspflicht zu erwarten gewesen. Zudem kann die eine Begründungspflicht von Gestaltungsrechten bejahende Auffassung mit erheblichen Belastungen für den

---

[89] *Büdenbender*, AcP 210 (2010), 611, 637 ff.; *Lent*, AcP 152 (1952/53), 401, 403 ff.; *Mankowski*, Beseitigungsrechte, 695 ff. Vgl. MünchKommBGB/*Busche*, § 143 Rn. 8; *Lessmann*, JuS 1970, 504, 505; *Medicus/Petersen*, BGB AT, § 47 Rn. 724; *Neuner*, BGB AT, § 41 Rn. 15; Staudinger/*Roth*, § 143 Rn. 11. Ferner BeckOK BGB/*Wendtland*, § 143 Rn. 4. Ferner *Hattenhauer*, Einseitige private Rechtsgestaltung, 254 f.; *Leverenz*, JURA 1996, 1, 7.

[90] *Lent*, AcP 152 (1952/53), 401, 405.

[91] Dass etwa der Verkäufer generell Kenntnis von dem den Rücktrittgrund begründenden Mangel hat, ist allerdings keinesfalls sicher. Aufgrund des Vorrangs der Nacherfüllung dürften dem Verkäufer zwar regelmäßig die Umstände mitgeteilt werden. Einer Fristsetzung bedarf es allerdings nicht ausnahmslos (vgl. §§ 323 Abs. 2, 440 BGB); auch ist der Verkäufer typischerweise bloßer Händler, schuldet also selbst nicht die Herstellung der Kaufsache. Ebenfalls darauf hinweisend *Büdenbender*, AcP 210 (2010), 611, 640 f. Gleiches kann auch auf die arglistige Täuschung zutreffen. Diese ist nicht mit einem besonderen Unwerturteil verbunden; zudem ist bedingter Vorsatz ausreichend (vgl. auch BGH NJW 1980, 2460, 2461).

[92] In diese Richtung *Neuner*, BGB AT, § 29 Rn. 36.

[93] Ebenfalls in die Richtung, die Angabe des Gestaltungsgrunds nicht für erforderlich zu halten, RGZ 65, 86, 88; *M. Becker*, AcP 188 (1988), 24, 43 f.; HK-BGB/*Dörner*, § 143 Rn. 2; *Leverenz*, JURA 1996, 1, 7. Vgl. auch BeckOGK BGB/*Beurskens*, § 143 Rn. 12.

[94] Dies ebenfalls einräumend *Büdenbender*, AcP 210 (2010), 611, 633 ff. Vgl. ferner auch PWW/*Ahrens*, § 143 Rn. 4; Erman BGB/*A. Arnold*, § 143 Rn. 2; *Medicus/Petersen*, BGB AT, § 47 Rn. 723; MünchKommBGB/*Busche*, § 143 Rn. 8; Staudinger/*Roth*, § 143 Rn. 10; *Stadler*, BGB AT, § 25 Rn. 18.

Inhaber des Gestaltungsrechts einhergehen. Sollte der Inhaber trotz Vorliegens der materiellen Voraussetzungen des Gestaltungsrechts keine oder nur eine unzureichende Begründung liefern, bestünde die Gefahr eines Rechtsverlusts – dies ist insbesondere bei fristgebundenen Gestaltungsrechten virulent, bei denen eine erneute Ausübung zu spät kommen könnte[95]. Dem wird auch mit der Ausnahme, eine Begründung sei bei Kenntnis bzw. fahrlässiger Unkenntnis des Gestaltungsgegners von den Umständen oder im Falle von Offenkundigkeit entbehrlich, nur teilweise abgeholfen. So ist es dem Inhaber des Gestaltungsrechts nicht immer möglich, den Informationsstand des Gestaltungsgegners zutreffend einzuschätzen; gleiches trifft angesichts der Unbestimmtheit der Kriterien auch auf die Frage zu, ob die Umstände offenkundig oder für den Gestaltungsgegner erkennbar sind. Diesen Gesichtspunkt sieht auch die für eine generelle Begründungspflicht eintretende Auffassung. Daher wird als Abmilderung etwaiger Härten für den Inhaber des Gestaltungsrechts mitunter für eine Heilungsmöglichkeit eingetreten.[96] Danach könne die Begründung später mit heilender Wirkung nachgeholt werden; dem Schutzanliegen des Begründungserfordernisses, den Gestaltungsgegner über die tatsächlichen Umstände, die den Anlass für die Ausübung des Gestaltungsrechts bilden, zu informieren, wäre damit Rechnung getragen.[97] Eine derart weitreichende Heilungsmöglichkeit hätte allerdings de facto zur Folge, dass von dem Begründungserfordernis nicht mehr viel übrig bleiben würde. Der Inhaber des Gestaltungsrechts könnte so risikolos von einer Begründung absehen und diese erst auf Anfrage des Gestaltungsgegners „nachschieben". Im Ergebnis liefe dies auf die im Rahmen der §§ 314, 626 BGB geltende Rechtslage hinaus. Insoweit ist es vorzugswürdiger, in § 626 Abs. 2 S. 3 BGB einen allgemeinen Rechtsgedanken zu erblicken, der nicht nur im allgemeinen Kündigungsrecht, sondern generell bei Gestaltungsrechten zur Anwendung kommt.[98] Eine Begründung von Gestaltungsrechten wäre danach nicht erforderlich; stattdessen wären dem Gestaltungsgegner die tatsächlichen Umstände unverzüglich auf Nachfrage mitzuteilen. Sollte der Inhaber des Gestaltungsrecht auf Verlangen des Gestaltungsgegners allerdings der ihn treffenden Begründungspflicht nicht oder nur unzureichend nachkommen, stünde dem Gestaltungsgegner vielmehr ein Schadensersatzanspruch aus § 280 Abs. 1 BGB i. V. m. § 241 Abs. 2 BGB zu.[99] Insoweit

---

[95] Zu denken wäre etwa an die in § 119 BGB geregelte Irrtumsanfechtung; diese hat nach § 121 Abs. 1 S. 1 BGB unverzüglich nach Kenntnis vom Anfechtungsgrund zu erfolgen.

[96] So *Büdenbender*, AcP 210 (2010), 611, 649 f. Vgl. auch BeckOGK BGB/*Beurskens*, § 143 Rn. 15. Im Anfechtungsrecht grundsätzlich gegen die Möglichkeit, Anfechtungsgründe nachzuschieben, PWW/*Ahrens*, § 143 Rn. 4; Erman BGB/*A. Arnold*, § 143 Rn. 2; *Bork*, BGB AT, § 22 Rn. 906; MünchKommBGB/*Busche*, § 143 Rn. 10; Grüneberg/*Ellenberger*, § 143 Rn. 3; *Lessmann*, JuS 1970, 504, 505; *Mankowski*, Beseitigungsrechte, 710 ff.; Staudinger/*Roth*, § 143 Rn. 13.

[97] Der Heilung käme dann eine ex tunc-Wirkung zu.

[98] In diesem Zusammenhang auf §§ 108 Abs. 2, 174 S. 1, 177 Abs. 2 BGB abstellend *M. Becker*, AcP 188 (1988), 24, 44 f.; *Mankowski*, Beseitigungsrechte, 699.

[99] Dazu im Rahmen des § 626 BGB BeckOGK BGB/*Günther*, § 626 Rn. 115; MünchKommBGB/*Henssler*, § 626 Rn. 70 u 75 ff.; PWW/*Merten*, § 626 Rn. 16; Erman BGB/*Rie-*

ließe sich nicht nur eine weitgehende Harmonisierung innerhalb der Gestaltungsrechte, sondern auch ein Ausgleich zwischen dem Informations- und Schutzbedürfnis des Gestaltungsgegners und dem Interesse des Inhabers an einer möglichst einfachen Ausübbarkeit von Gestaltungsrechten erreichen[100].

Zusätzliche Voraussetzungen, die über die allgemeinen Mindestanforderungen bei Gestaltungsrechten hinausgehen, lassen sich daher nicht überzeugend begründen; neben den allgemeinen Mindestvoraussetzungen kommt es allein darauf an, ob die materiellen Voraussetzungen des Gestaltungsrechts objektiv vorliegen. Es soll allerdings nicht in Abrede gestellt werden, dass in nicht wenigen Konstellationen dem Gestaltungsgegner die tatsächlichen Umstände, auf die das Gestaltungsrecht gestützt wird, bekannt seien dürften.[101] Gleiches trifft auf die Einsicht zu, dass im Einzelfall die Darlegung der tatsächlichen Umstände zur Individualisierung des Gestaltungsrechts erforderlich sein kann.[102] Hierbei handelt es sich aber um eine Frage der Bezeichnungsgenauigkeit, die mit der Begründungspflicht im Ausgangspunkt nichts zu tun hat.

---

senhuber, § 626 Rn. 28; Staudinger/*Temming*, § 626 Rn. 258; Grüneberg/*Weidenkaff*, § 626 Rn. 32. Ferner *M. Becker*, AcP 188 (1988), 24, 45; *Büdenbender*, AcP 210 (2010), 611, 643 f.; *Mankowski*, Beseitigungsrechte, 699; BeckOGK BGB/*Martens*, § 314 Rn. 69.1.

[100] So können gerade juristische Laien von einer Begründungspflicht unverhältnismäßig getroffen werden. Vgl. diesbzgl. auch *Mankowski*, Beseitigungsrechte, 683, siehe aber auch 697 f. Siehe ferner in einem anderen Zusammenhang *Flume*, AT II, § 31 2; *Hattenhauer*, Einseitige private Rechtsgestaltung, 263; Staudinger/*Roth*, § 143 Rn. 5.

[101] Vgl. diesbzgl. auch die Einschätzung von BeckOGK BGB/*Beurskens*, § 143 Rn. 12; *Flume*, AT II, § 31 2.

[102] In diesem Zusammenhang auf die „Identifizierungs-, Individualisierungs- und Unterscheidungsfunktion“ – auch zur Abgrenzung von anderen Gestaltungsrechten – abstellend *Mankowski*, Beseitigungsrechte, 703 ff. Ferner *M. Becker*, AcP 188 (1988), 24, 45 ff.; *Flume*, AT II, § 31 2; *Lent*, AcP 152 (1952/53), 401, 407 f.

Kapitel 4

Bestimmtheit im Sachenrecht

Bestimmtheitsprobleme der sachenrechtlichen Einigung stellen sich nicht nur bei der Übereignung von Mobilien in Gestalt der §§ 930 f. BGB, obgleich diese Fallgruppe den Hauptanwendungsfall bildet. Dies ist insbesondere dem Umstand geschuldet, dass das mit dem sachenrechtlichen Bestimmtheitsgebot verbundene Erfordernis, den zu übereignenden Gegenstand möglichst genau zu bezeichnen, auch mit der Frage einhergeht, auf was im Rahmen der Ermittlung der Verfügungsobjekte zurückgegriffen werden darf: nur auf inner- oder auch auf außervertragliche Elemente? Dass dieser Frage auch im materiellen Immobiliarsachenrecht Bedeutung zukommt, kann insbesondere in Anbetracht der von der überwiegenden Auffassung für anwendbar befundenen Grundsätze der falsa demonstratio non nocet wenig überraschen.[103]

§ 1 Historischer Ausgangspunkt

Den gedanklichen Ausgangspunkt für die ‚Bestimmtheit im Sachenrecht' bildet die Einsicht, dass das deutsche Privatrecht nur den Eigentumsübergang bzw. die Veränderung der Rechtszuordnung an individuellen Sachen kennt.[104] Eine sachenrechtliche Position kann grundsätzlich – mit Ausnahme des Mit- und Gesamthandseigentums – nur einem bestimmten Rechtsträger zugeordnet sein; ein mit der Inhaberschaft einer sachenrechtlichen Position verbundenes absolutes Recht an unbestimmten Gegenständen, die nach der Verkehrsauffassung nicht zusammen-

[103] Hinsichtlich des Grundbuchverfahrensrechts ist auf § 28 S. 1 GBO hinzuweisen, der eine genaue Bezeichnung des Grundstücks in Übereinstimmung mit dem Grundbuch oder durch Hinweis auf das Grundbuchblatt verlangt; siehe dazu auch Kapitel 4 § 4.

[104] Dazu BGHZ 21, 52, 55; Erman BGB/*Bayer*, § 929 Rn. 3; *Bork*, BGB AT, § 13 Rn. 457; *Dreher*, AcP 138 (1934), 350, 353; *Feuerborn*, ZIP 2001, 600, 602; Staudinger/*Heinze*, § 929 Rn. 13 u. Anh zu §§ 929 ff. Rn. 25; Soergel/*Henssler*, § 929 Rn. 28; *Lieder*, Die rechtsgeschäftliche Sukzession, 303; *Medicus/Petersen*, Bürgerliches Recht, § 21 Rn. 521; *Möschel*, NJW 1981, 2273, 2275 f.; MünchKommBGB/*Oechsler*, § 929 Rn. 7; ferner *Füller*, Eigenständiges Sachenrecht?, 17; BeckOK BGB/*Kindl*, § 929 Rn. 10; *Neuner*, BGB AT, § 26 Rn. 23 u. § 29 Rn. 32; PWW/*Prütting*, § 929 Rn. 6; *Stadler*, Gestaltungsfreiheit und Verkehrsschutz durch Abstraktion, 114; *Vieweg/Lorz*, Sachenrecht, § 1 Rn. 7; *Wellenhofer*, Sachenrecht, § 3 Rn. 7.

gehören, ist dem BGB fremd[105]. Trotz des Umstands, dass dieses als Spezialitätsprinzip[106] bezeichnete Phänomen landläufig anerkannt ist, sind sowohl dessen Herleitung als auch dessen Ursprünge weniger klar. Mitunter werden seine (modernen) Wurzeln in *Savignys* Lehre von den Rechtsverhältnissen ausgemacht;[107] eine von einem Willen getragene Sachherrschaft könne sich nur auf klar spezifizierte Teile der Natur beziehen.[108] Überdies wird die Nähe des Spezialitätsprinzips zum Aufkommen des Trennungs- und Abstraktionsprinzips betont. Vermögenspositionen mit absoluter Wirkung kamen nach *Savignys* Überzeugung nur an einzelnen Gegenständen in Betracht; etwas anderes sei hingegen bei schuldrechtlichen Positionen anzuerkennen.[109] Dieser gedankliche Ausgangspunkt schaffte es bis in die Erwägungen der 1. Kommission.[110] Dass er von der für die Entstehung des BGB letztlich maßgeblichen 2. Kommission nicht einer gesetzlichen Regelung zugeführt wurde, spricht nicht gegen seine Fortgeltung. Es ist vielmehr davon auszugehen, dass die 2. Kommission diesen Ausgangspunkt als selbstverständlich erachtete und deswegen von einer expliziten Erwähnung absah[111] – er lässt sich zudem andeutungsweise in § 1085 S. 1 BGB („einzelnen“) erkennen[112]. Schließlich entspricht diese Regelungstechnik ganz dem Ansatz des Zivilgesetzgebers am Ende des 19. Jahrhunderts,

---

[105] *Bork*, BGB AT, § 7 Rn. 236; *Dreher*, AcP 138 (1934), 350, 353f.; *Erath*, AcP 128 (1928), 344, 349; *Feuerborn*, ZIP 2001, 600, 602; Staudinger/*Heinze*, Anh zu §§ 929ff. Rn. 25; *Lieder*, Die rechtsgeschäftliche Sukzession, 297f. u. 303; *Neuner*, BGB AT, § 25 Rn. 17; *Stadler*, Gestaltungsfreiheit und Verkehrsschutz durch Abstraktion, 114; *dies.*, BGB AT, § 11 Rn. 2; *Vieweg/Lorz*, Sachenrecht, § 1 Rn. 7 u. § 12 Rn. 7; *Wellenhofer*, Sachenrecht, § 3 Rn. 10; *Wiegand*, AcP 190 (1990), 112, 116f. Unter Verweis auf das im englischen Recht gebräuchliche Sicherungsmittel der floating charge *Baur/Stürner*, Sachenrecht, § 4 Rn. 19.

[106] Zwischen Spezialitätsprinzip und Bestimmtheitsgrundsatz unterscheidend *Brinkmann*, Kreditsicherheiten an beweglichen Sachen und Forderungen, 123f.; BeckOK BGB/*Kindl*, § 929 Rn. 5; BeckOGK BGB/*Klinck*, § 929 Rn. 9f.; *Lieder*, Die rechtsgeschäftliche Sukzession, 296; MünchKommBGB/*Oechsler*, § 929 Rn. 6f.; PWW/*Prütting*, § 929 Rn. 5; *Serick*, Eigentumsvorbehalt und Sicherungsübertragung, 148ff.; *Wellenhofer*, Sachenrecht, § 3 Rn. 7ff.; ferner *Bork*, BGB AT, § 6 Rn. 231; *Haedicke*, JuS 2001, 966, 969; *Neuner*, BGB AT, § 19 Rn. 41, § 25 Rn. 17 u. § 26 Rn. 23; eine derartige Differenzierung ablehnend bzw. von einer Gleichsetzung ausgehend *Baur/Stürner*, Sachenrecht, § 4 Rn. 17ff.; Jauernig/*Berger*, § 929 Rn. 5 *Füller*, Eigenständiges Sachenrecht?, 16; Staudinger/*Heinze*, § 929 Rn. 13 u. Anh zu §§ 929ff. Rn. 25; *Medicus/Petersen*, Bürgerliches Recht, § 3 Rn. 26; *Stadler*, Gestaltungsfreiheit und Verkehrsschutz durch Abstraktion, 114; *Vieweg/Lorz*, Sachenrecht, § 1 Rn. 7; wohl auch *Westermann*, in: FS für Apostolos Georgiades, 465, 468.

[107] So *Wiegand*, AcP 190 (1990), 112, 114ff.; ferner *Stadler*, Gestaltungsfreiheit und Verkehrsschutz durch Abstraktion, 98ff. u. 114.

[108] *Savigny*, System des heutigen römischen Rechts, 338.

[109] *Savigny*, System des heutigen römischen Rechts, 338ff. u. 367ff.

[110] *Johow*, Begründung eines Entwurfs zum Sachenrecht, 2 u. 491.

[111] Siehe in diesem Zusammenhang auch *Mugdan*, Die gesamten Materialien zum BGB, Bd. 3, 16.

[112] *Dreher*, AcP 138 (1934), 350, 353; *Lieder*, Die rechtsgeschäftliche Sukzession, 297; *Neuner*, BGB AT, § 26 Rn. 23; *Stadler*, Gestaltungsfreiheit und Verkehrsschutz durch Abstraktion, 114.

Strukturprinzipien vorauszusetzen;[113] so sucht man auch eine explizit die Vertragsfreiheit anordnende Norm vergebens. Anders als der auf das Verständnis breiter Bevölkerungskreise abzielende französische Code Civil von 1804 war das BGB von seiner Konzeption auf den Rechtskundigen zugeschnitten.[114]

Das mit der Entscheidung gegen die Anerkennung von absoluten Positionen an Sachgesamtheiten einhergehende Verständnis setzt auf der nächsten Stufe eine möglichst präzise Bezeichnung der Sache voraus, die den Gegenstand des Verfügungsgeschäfts bildet; nur auf diesem Weg kann eine eindeutige Zuordnung der Rechtsänderung sichergestellt werden. Andernfalls droht ein Nebeneinander verschiedener Zuordnungsverhältnisse, das leicht zu sich widersprechenden Verfügungen führen kann.[115] Verortet wurde dieser sachenrechtliche Bestimmtheitsgrundsatz vom BGH in einer älteren Entscheidung noch in der „Lehre vom Vertrag".[116] Ein ausreichend konkretisierter Leistungsgegenstand sei sowohl im Rahmen des schuldrechtlichen Rechtsgeschäfts als auch auf dinglicher Ebene erforderlich; andernfalls mangele es in beiden Fällen an einem Vertragsschluss. Dass allerdings Unterschiede im Hinblick auf die Genauigkeit der Bezeichnung bei Verpflichtungs- und Verfügungsgeschäften bestehen, wurde (mittelbar) schon bei der Frage deutlich, ob an die schuldrechtliche Einigung gewisse Mindestanforderungen zu stellen sind.[117] Gesetzliche Vorgaben, wie die §§ 315 ff. BGB oder § 243 Abs. 2 BGB, mit deren Hilfe sich Modalitäten für die Bestimmung gewisser Leistungspflichten ermitteln lassen, fehlen im Sachenrecht. Es ist daher überzeugender, den sachenrechtlichen Bestimmtheitsgrundsatz – wie schon oben angedeutet – als Fortentwicklung des Spezialitätsprinzips zu begreifen:[118] Da an einer nicht näher konkretisierten Sachgesamtheit ein Herrschaftsrecht nicht in Betracht kommt, ist auch bei Verfügungen eine eindeutige Spezifikation erforderlich.

---

[113] Allgemein zur Regelungstechnik des historischen Gesetzgebers *Möllers*, Juristische Methodenlehre, § 9 Rn. 31; *Neuner*, BGB AT, § 7 Rn. 23 ff.; HKK-BGB/*Rückert*, vor § 1 Rn. 35 ff.; vgl. ferner *Bork*, BGB AT, § 2 Rn. 101; *Jauernig/Hess*, Zivilprozessrecht, § 24 Rn. 11; *Riesenhuber*, ZfPW 2018, 352, 357.

[114] Vgl. *Zweigert/Kötz*, Einführung in die Rechtsvergleichung, § 7 II u. § 11 II; ferner *Dawson*, The Oracles of the Law, 386 ff. u. 459 ff.

[115] Darauf hinweisend *Lieder*, Die rechtsgeschäftliche Sukzession, 301; *Neuner*, BGB AT, § 26 Rn. 24; tendenziell kritisch gegenüber diesem Argument *Westermann*, in: FS für Apostolos Georgiades, 465, 469 f.

[116] BGHZ 28, 16, 19 f. unter Berufung auf *Erath*, AcP 128 (1928), 344, 347; siehe diesbzgl. auch *Brinkmann*, Kreditsicherheiten an beweglichen Sachen und Forderungen, 123; *Lieder*, Die rechtsgeschäftliche Sukzession, 303 f.

[117] Dazu Kapitel 2 § 1 u. § 2; kritisch auch BeckOGK BGB/*Klinck*, § 929 Rn. 10.1.

[118] Vgl. *Lieder*, Die rechtsgeschäftliche Sukzession, 300 f.; Staudinger/*Heinze*, § 929 Rn. 14; siehe auch *Dreher*, AcP 138 (1934), 350, 359 f.

§ 2 Zweck des sachenrechtlichen Bestimmtheitsgrundsatzes

Üblicherweise wird der Zweck des sachenrechtlichen Bestimmtheitsgrundsatzes in erster Linie mit Verkehrsschutzgesichtspunkten in Verbindung gebracht.[119] Mit dem Erfordernis einer präzisen Bezeichnung sollen Unsicherheiten im Hinblick auf die Eigentumslage vermieden, der Sicherheit und Leichtigkeit des Rechtsverkehrs Vorschub geleistet werden. Was dies betrifft, lässt sich der Bestimmtheitsgrundsatz auch mit ökonomischen Argumenten untermauern: Je klarer bzw. leichter die Änderung in der Rechtszuordnung festgestellt werden kann, desto geringer sind die mit einer Verfügung einhergehenden Kosten.[120] Präzise Anforderungen an die Bezeichnung des Gegenstands, gepaart mit einer Nichtigkeitssanktion, falls dem Bestimmtheitsgebot nicht entsprochen wurde, setzen auch entsprechende Anreize für die Parteien, der Konkretisierung nachzukommen. Vor diesem Hintergrund erklärt sich (zusätzlich) die im Mobiliarsachenrecht anzutreffende Aussage, der Übertragungsvorgang müsse sich – auch für Dritte – schnell und einfach feststellen lassen.

Neben diesen auf die Förderung des Güterumsatzes abzielenden Aspekten werden Drittschutzgesichtspunkte angeführt.[121] Vor diesem Hintergrund erklärt sich auch die insbesondere vom BGH im Mobiliarsachenrecht herangezogene Drittbeobachtungsformel: Nicht nur die Parteien, sondern jeder Dritte, der die Vereinbarung kennt, soll die zu übereignenden Sachen ohne Schwierigkeiten identifizieren können.[122] Schließlich sei sachenrechtlichen Verfügungen eine erga omnes-Wirkung immanent, was die Herstellung eines gewissen Maßes an Publizität bedinge; für Dritte müsse daher klar sein, welche Objekte den Gegenstand der Verfügung bilden.[123] So sollen etwa strenge Anforderungen an die Bestimmtheit einer Aushöhlung der Insolvenzmasse[124] sowie Rechtsunklarheiten bei der Zwangsvollstreckung entgegenwirken[125].

---

[119] *Feuerborn*, ZIP 2001, 600, 602; *Haedicke*, JuS 2001, 966, 969; BeckOGK BGB/*Klinck*, § 929 Rn. 10.1.; *Lieder*, Die rechtsgeschäftliche Sukzession, 299 ff.; *Neuner*, BGB AT, § 19 Rn. 41; MünchKommBGB/*Oechsler*, Anh §§ 929 ff. Rn. 5; *Säcker*, in: FS für Apostolos Georgiades, 359, 368; Soergel/*Stadler*, Einl Sachenrecht Rn. 43; *Vieweg/Lorz*, Sachenrecht, § 1 Rn. 7; *Westermann*, in: FS für Apostolos Georgiades, 465, 468; vgl. *Füller*, Eigenständiges Sachenrecht?, 17; BeckOK BGB/*Kindl*, § 929 Rn. 4; *G. Paulus*, JZ 1957, 41, 45; *Wiegand*, AcP 190 (1990), 112, 119.

[120] Zu ökonomischen Argumenten *Lieder*, Die rechtsgeschäftliche Sukzession, 300 u. 305 ff.

[121] Jauernig/*Berger*, § 930 Rn. 8; *Feuerborn*, ZIP 2001, 600, 602; *Westermann*, in: FS für Apostolos Georgiades, 465, 468 f.

[122] Exemplarisch BGHZ 21, 52, 56; 73, 253, 254; 137, 267, 277; BGH NJW 1986, 1985, 1986; 1992, 1161; 1994, 133, 134; 2000, 2898; BGH NZI 2008, 551, 553 Rn. 27; BGH BeckRS 2022, 42614 Rn. 10 u. 18; siehe dazu auch *Gursky*, JZ 1997, 1094, 1096; *Meller-Hannich* LMK 2023, 810536; Soergel/*Stadler*, Einl Sachenrecht Rn. 43.

[123] *Westermann*, in: FS für Apostolos Georgiades, 465, 468 f.

[124] *Gehrlein*, MDR 2008, 1069, 1070; vgl. *Westermann*, in: FS für Apostolos Georgiades, 465, 468 f. u. 473.

Des Weiteren werden Parallelen zum Schutzweck des Übergabeerfordernisses (Traditionsprinzip) gezogen bzw. der Zweck des Bestimmtheitsgebots wird mit dem der Übergabe gleichgesetzt.[126] Anders als im Rahmen der §§ 932 ff. BGB steht in diesem Zusammenhang allerdings nicht die nach der Konzeption des Gesetzes mit dem Besitz verbundene Verlautbarung der Eigentumslage[127] im Vordergrund. Stattdessen soll nach der Vorstellung des historischen Gesetzgebers die bei § 929 S. 1 BGB erforderliche Übergabe die Ernsthaftigkeit des Verfügungswillens auf Veräußererseite zum Ausdruck bringen;[128] aus funktionaler Perspektive kommt die Übergabe daher einem Formerfordernis nahe[129]. Um die mit der Übergabe verbundene „Beweis- und Warnfunktion" zu erfüllen,[130] müsse sich auch die Verfügung auf eine hinreichend konkretisierte Sache beziehen.

Schließlich wird für eine besitzrechtliche Verortung des Bestimmtheitserfordernisses plädiert.[131] Zur Eigentumserlangung müsse sich der Veräußerer nicht nur vollkommen vom Besitz lösen, sondern § 929 S. 1 BGB verlange auch, dass der Erwerber eine tatsächliche Besitzposition erlange. Dem Erfordernis eines tatsächlichen Besitzerwerbs sei aber nur Genüge getan, wenn der Erwerber keinen Identifikations- oder Zugriffsbeschränkungen ausgesetzt ist, er mithin die Sache einseitig von sich aus benennen und ohne Hilfe des (früheren) unmittelbaren Besitzers reklamieren könne. Vor diesem Hintergrund entspräche das Bestimmtheitsgebot nichts anderem als dem Erfordernis des tatsächlichen Besitzerwerbs.

---

125 BeckOGK BGB/*Klinck*, § 929 Rn. 10.1.

126 MünchKommBGB/*Oechsler*, § 929 Rn. 6; vgl. auch BeckOGK BGB/*Klinck*, § 929 Rn. 10.1.

127 Zur Publikationsfunktion des Besitzes bzw. der Besitzverschaffungsmacht als Voraussetzung für den gutgläubigen Erwerb *Baur/Stürner*, Sachenrecht, § 4 Rn. 15 f. u. § 52 Rn. 3; Erman BGB/*Bayer*, vor § 932 Rn. 1; *Füller*, Eigenständiges Sachenrecht?, 323 ff.; Staudinger/*Heinze*, vor §§ 932 ff. Rn. 12; *Lieder*, Die rechtsgeschäftliche Sukzession, 400 ff.; *Medicus/Petersen*, Bürgerliches Recht, § 22 Rn. 543; *Vieweg/Lorz*, Sachenrecht, § 5 Rn. 16; *Wadle*, JZ 1974, 689, 691; *Wellenhofer*, Sachenrecht, § 8 Rn. 1; ferner *Stadler*, Gestaltungsfreiheit und Verkehrsschutz durch Abstraktion, 126 f.; *Haedicke*, JuS 2001, 966, 970; *Klauer*, in: FS für Herbert Kronke, 1769, 1778.

128 *Mugdan*, Die gesamten Materialien zum BGB, Bd. 3, 624 f.; dazu *Bielefeld*, ZfPW 2021, 457, 461; Staudinger/*Heinze*, vor §§ 929 ff. Rn. 21 ff.; BeckOGK BGB/*Klinck*, § 929 Rn. 8; *Lieder*, Die rechtsgeschäftliche Sukzession, 299 u. 395 ff.; MünchKommBGB/*Oechsler*, § 929 Rn. 3 u. 6; *Wiegand*, in: FS 50 Jahre BGH, 753, 766 ff.

129 MünchKommBGB/*Oechsler*, § 929 Rn. 3.

130 Allgemein zum Schutzzweck von Formerfordernissen Erman BGB/*A. Arnold*, § 125 Rn. 1 ff.; *Bork*, BGB AT, § 24 Rn. 1046 ff.; MünchKommBGB/*Einsele*, § 125 Rn. 8 ff.; BeckOGK BGB/*Hecht*, § 125 Rn. 6 ff.; *Lieder*, Die rechtsgeschäftliche Sukzession, 330 ff.; *Mankowski*, JZ 2010, 662, 663 ff.; *Medicus/Petersen*, BGB AT, § 41 Rn. 612 ff.; *Neuner*, BGB AT, § 44 Rn. 3 ff.; *Wais*, JuS 2020, 7; *Wieling*, AcP 172 (1972), 297, 308 f.

131 *Ernst*, Eigenbesitz und Mobiliarerwerb, 140 ff.; vgl. auch (schon) *Serick*, Eigentumsvorbehalt und Sicherungsübertragung, 151.

§ 3 Bestimmtheit im Mobiliarsachenrecht

Im Mobiliarsachenrecht ist die Frage, mit welcher Genauigkeit das Verfügungsgeschäft zu präzisieren ist, in erster Linie auf den Verfügungsgegenstand bezogen.[132] Vor dem Hintergrund, dass die Identifikation der Parteien schon von den schuldrechtlichen Mindestanforderungen verlangt wird, ist die Fokussierung auf die genaue Bezeichnung der Sache auch konsequent. Keine Probleme bereitet das Bestimmtheitsgebot in aller Regel im Rahmen des § 929 S. 1 BGB; insoweit sorgt der mit der Übergabe verbundene Wechsel der tatsächlichen Sachherrschaft für ein ausreichendes Maß an Konkretisierung.[133] Bei Vornahme der Vollzugshandlung (Übergabe) ist der betreffende Leistungsgegenstand eindeutig festzulegen; die Übergabe nur bestimmbarer Sachen dürfte schon aus praktischen Gründen schwierig sein.

Anders sieht es hingegen bei Übereignungen nach den §§ 930 f. BGB aus. Da hier die Übergabe durch die Vereinbarung eines Besitzmittlungsverhältnisses ersetzt wird, kann sie nicht als Konkretisierungsmittel herangezogen werden. Angesichts dieses Umstands überrascht es nicht, dass auf andere Instrumente zurückgegriffen wird, um die Verfügungsgegenstände zu identifizieren. Vor diesem Hintergrund ist auch die von der Rechtsprechung entwickelte Formel zu verstehen, die zur Übereignung bestimmten Gegenstände müssen im Zeitpunkt des Vertragsschlusses für jedermann, der die Vereinbarung der Parteien kennt, eindeutig bestimmt bzw. ohne weiteres ersichtlich sein (Drittbeobachtungsformel).[134] Eine exakte Bezeichnung jedes Objekts ist allerdings auch damit nicht verbunden; der Rückgriff auf Gattungs- bzw. Sammelbezeichnungen wird nicht (mehr) beanstandet, mithin funktional eine Art Gesamtverfügung für zulässig erachtet.[135]

In concreto stellen sich derartige Bestimmtheitsfragen in der Regel bei der Übereignung von Warenbeständen. In diesem Zusammenhang unterscheidet man im

---

[132] So auch die Einschätzung von *Lieder*, Die rechtsgeschäftliche Sukzession, 302.

[133] *Dreher*, AcP 138 (1934), 350, 360 u. 363; *Feuerborn*, ZIP 2001, 600; *Gehrlein*, MDR 2008, 1069, 1070; Staudinger/*Heinze*, § 929 Rn. 14 f. u. Anh zu §§ 929 ff. Rn. 26; BeckOK BGB/*Kindl*, § 929 Rn. 10; *G. Paulus*, JZ 1957, 41, 46; tendenziell a. A. unter Bezugnahme auf § 854 Abs. 2 BGB *Gursky*, JZ 1997, 1094, 1096; vgl. auch Soergel/*Henssler*, § 929 Rn. 28; Grüneberg/*Herrler*, § 929 Rn. 6.

[134] Siehe dazu bereits die Nachweise in Fn. 122.

[135] Zur Zulässigkeit von Sammelbezeichnungen, auch unter Verwendung einer sog. „All-Formel", etwa BGHZ 73, 253, 254; BGH NJW 1986, 1985, 1986; 1992, 1161 f.; 1994, 133 f.; BGH BeckRS 2022, 42614 Rn. 11 u. 18; ferner Erman BGB/*Bayer*, Anh zu § 931 Rn. 10; Jauernig/*Berger*, § 930 Rn. 46; *Füller*, Eigenständiges Sachenrecht?, 19 ff.; *Gehrlein*, MDR 2008, 1069, 1071; *Gursky*, JZ 1997, 1094, 1096 ff.; Staudinger/*Heinze*, Anh zu §§ 929 ff. Rn. 27; Soergel/*Henssler*, § 929 Rn. 28 u. Anh § 930 Rn. 29 ff.; BeckOK BGB/*Kindl*, § 930 Rn. 19; BeckOGK BGB/*Klinck*, § 930 Rn. 92; *Lieder*, Die rechtsgeschäftliche Sukzession, 308; MünchKommBGB/*Oechsler*, Anh §§ 929 ff. Rn. 7; PWW/*Prütting*, § 930 Rn. 2; *Riggert*, NZI 2009, 137 f.; HK-BGB/*Schulte-Nölke*, § 930 Rn. 16; *Serick*, Eigentumsvorbehalt und Sicherungsübertragung, 155 f.

Wesentlichen vier verschiedene Fallgruppen: die Übereignung konstanter und wechselnder Sachgesamtheiten sowie die Eigentumsübertragung an Teilmengen und sog. gemischten Beständen. Am wenigsten Probleme bereitet die Übertragung einer konstanten Sachgesamtheit, die von ihrer rechtlichen Struktur identisch ist; die Verwendung einer entsprechenden Sammelbezeichnung – etwa in Gestalt einer sog. „All-Formel" – schafft hier Abhilfe.[136] Komplizierter gestaltet sich insbesondere die Sicherungsübereignung eines Warenlagers mit wechselndem Bestand, sollte nicht auf eine sog. „All-Formel" zurückgegriffen werden. Hinsichtlich der später in das Warenlager gelangenden Sachen wird für die Wirksamkeit der (antizipierten) Übereignung ein reines Einbringen nicht als ausreichend erachtet; vielmehr ist eine Ausführungs- bzw. Abgrenzungshandlung erforderlich, die die Eigentumsübertragung für Dritte erkennbar macht.[137] Ähnliches trifft bei einer Teilmenge zu: Der zu übertragene Anteil ist in aller Regel durch einen äußerlichen Akt kenntlich zu machen.[138] Es bedarf einer eindeutigen, in der Regel räumlichen Abgrenzung zum übrigen Warenbestand, wobei allerdings zur Kennzeichnung auch die Verwendung bestimmter, eine eindeutige Feststellung ermöglichender Merkmale ausreicht[139]. Bei der Übereignung gemischter Bestände weisen die einzelnen Gegenstände der zu übertragenden Sachgesamtheit unterschiedliche rechtliche Strukturen auf, etwa wenn die im Warenlager befindenden Objekte sich nur teilweise im Eigentum des Verfügenden befinden. Einer rein rechtlichen Bezeichnung der zu übereignenden Gegenstände, die allein an die Eigentumslage anknüpft, wurde vom BGH eine Absage erteilt; es habe stets (auch) eine Abgrenzung nach äußerlichen bzw. tatsächlichen Kriterien zu erfolgen.[140] Etwas anderes gelte nur bei Übereignungen von Warenlagern, in denen sich sowohl Objekte befinden, die im Eigentum des Verfügenden stehen, als auch solche, die noch mit einem Eigentumsvorbehalt belastet sind. Eine (räumliche) Trennung sei hier nicht erforderlich; die Übertragung von Eigentums- und Vorbehaltsware könne daher als Einheit erfolgen.[141] Eine weitere Zurückdrängung der Bezeichnungsgenauigkeit findet sich bei der antizipierten Übereignung bzw. dem antizipierten Besitzkonstitut. Da sich der zu übereignende Gegenstand entweder noch nicht in der Herrschaftssphäre des Veräußerers befindet oder noch gar nicht existiert, kann er (oftmals) nur unter Verwendung allgemeiner

---

[136] Dazu BGHZ 73, 253, 254; BGH NJW 1994, 133, 134 f.; BeckRS 2022, 42614 Rn. 11; *Gehrlein*, MDR 2008, 1069, 1072. Zur sog. „All-Formel" siehe ferner die Nachweise in Fn. 135.

[137] BGH NJW 1986, 1985, 1986; 1991, 2144, 2146; *Gehrlein*, MDR 2008, 1069, 1071; Soergel/*Henssler*, Anh § 930 Rn. 39; ferner BGH BeckRS 2022, 42614 Rn. 13.

[138] BGH NJW 1984, 803, 804; 1996, 2654, 2655; BeckRS 2022, 42614 Rn. 13; *Gehrlein*, MDR 2008, 1069, 1070.

[139] BGH NJW 1994, 133, 134; BeckRS 2022, 42614 Rn. 11.

[140] BGHZ 137, 267, 277; BGH NJW-RR 1990, 94, 95; NJW 1992, 1156, 1157; BeckRS 2022, 42614 Rn. 12.

[141] BGHZ 28, 16, 20 ff.; BGH NJW 1986, 1985, 1986; *Westermann*, in: FS für Apostolos Georgiades, 465, 472 f.; anders noch BGHZ 21, 52, 57 f.

Kriterien bezeichnet werden.[142] Sowohl die schuldrechtliche als auch die dingliche Einigung können sich in der Regel noch nicht auf eine spezielle Sache beziehen; die zu übertragene Sache wird regelmäßig erst zu einem späteren Zeitpunkt als dem der antizipierten Übereignung individualisierbar.[143]

In Zusammenhang mit den Anforderungen an die einzuhaltende Bestimmtheit steht die Frage, auf welche Umstände zur Ermittlung der von der Übereignung erfassten Gegenstände zurückgegriffen werden kann. Als mittlerweile unstrittig dürfte gelten, dass sowohl die sachenrechtliche als auch die schuldrechtliche Einigung herangezogen werden darf – letzteres ermöglicht insbesondere eine Konsultation des Sicherungsvertrags. Anders sieht es hingegen bei der Frage aus, ob auch außerhalb der beiden Verträge liegende Umstände herangezogen werden dürfen. Zu denken wäre etwa an eine Befragung von Mitarbeitern oder an eine Einsichtnahme in Lagerbücher. Eine derartige Heranziehung außervertraglicher Umstände soll allerdings nach der überwiegenden Auffassung nicht in Betracht kommen.[144] Maßgeblicher Hintergrund scheint in diesem Zusammenhang zu sein, dass andernfalls die bemühte Drittbeobachtungsformel ihren Sinn verlöre;[145] sowohl für die Parteien als auch für außenstehende Dritte ist nach der von der Rechtsprechung gebräuchlichen Formel allein die vertragliche Vereinbarung maßgeblich.

§ 4 Bestimmtheit im Immobiliarsachenrecht

Im Rahmen des Immobiliarsachenrechts kommt es bei der Frage der Bezeichnungsgenauigkeit zu einer Zweiteilung: nämlich zwischen Grundbuchverfahrensrecht und materiellem Recht. Die formell-rechtlichen Anforderungen des Grundbuchrechts werden in § 28 S. 1 GBO präzisiert. Danach ist das Grundstück (aus-

---

[142] Jauernig/*Berger*, § 930 Rn. 16; *Möschel*, NJW 1981, 2273, 2276; *Westermann*, in: FS für Apostolos Georgiades, 465, 471; ferner *Brinkmann*, Kreditsicherheiten an beweglichen Sachen und Forderungen, 132 ff.; *Dreher*, AcP 138 (1934), 350, 370 ff.; *Ernst*, Eigenbesitz und Mobiliarerwerb, 195 f.; Soergel/*Henssler*, Anh § 930 Rn. 49; Grüneberg/*Herrler*, § 930 Rn. 10; BeckOGK BGB/*Klinck*, § 930 Rn. 48 u. 103; MünchKommBGB/*Oechsler*, § 930 Rn. 24.

[143] BGHZ 21, 52, 56. Deswegen ein antizipiertes Besitzkonstitut bei Übereignung einer Teilmenge bei (späterer) ungeteilter Inbesitznahme einer Gesamtmenge für problematisch haltend, da noch eine Kenntlichmachung bzw. Ausführungshandlung des unmittelbaren Besitzers erforderlich sei, *Ernst*, Eigenbesitz und Mobiliarerwerb, 196 ff.

[144] BGHZ 21, 52, 56 f.; 137, 267, 277; BGH NJW 1986, 1985, 1986; BeckRS 2022, 42614 Rn. 12 f.; vgl. schon RGZ 132, 183, 187 f.; siehe aber auch BGH NJW 2008, 3142, 3144 Rn. 16 ff., wonach die Bezugnahme auf ein im Vertrag gennantes Verzeichnis zur Konkretisierung ausreicht; im Übrigen *Ernst*, Eigenbesitz und Mobiliarerwerb, 143; *Gehrlein*, MDR 2008, 1069, 1070; *Möschel*, NJW 1981, 2273, 2275 f.; *Riggert*, NZI 2009, 137, 138 f.; Soergel/*Henssler*, Anh § 930 Rn. 34; *Serick*, Eigentumsvorbehalt und Sicherungsübertragung, 153 f. u. 161 f.; *Vieweg/Lorz*, Sachenrecht, § 1 Rn. 7 u. § 12 Rn. 8.

[145] Vgl. BGH NJW 1986, 1985, 1986; *Feuerborn*, ZIP 2001, 600 f.

schließlich) in Übereinstimmung mit dem Grundbuch oder durch Hinweis auf das Grundbuchblatt zu bezeichnen; ein Rückgriff auf außerhalb des Grundbuchs liegende Umstände kommt nicht in Betracht.[146]

Anders sieht es hingegen auf der Ebene des materiellen Rechts aus. Die Anforderungen des § 28 S. 1 GBO beanspruchen im Rahmen der §§ 873, 925 BGB keine Geltung; allein maßgeblich sind die Vorgaben des materiellen Rechts.[147] Eine Identifikation des Grundstücks anhand außerhalb des Grundbuchs liegender Umstände ist daher möglich – insoweit wäre etwa an die Angabe der Adresse oder den Rückgriff auf einen Lageplan zu denken.[148] An diesem Punkt ist die überwiegende Auffassung aber keineswegs stehen geblieben. So ist auch die Heranziehung von Dokumenten außerhalb der dinglichen bzw. schuldrechtlichen Einigung zulässig; das Grundstück muss sich nicht ausschließlich anhand der Eintragungsunterlagen identifizieren lassen können. Vielmehr finden die allgemeinen Auslegungsgrundsätze des Privatrechts Anwendung –[149] also auch die Grundsätze der falsa demonstratio non nocet[150]. Auf die Frage, ob Dritte den Verfügungsgegenstand allein anhand der Einigung oder mittels Rückgriffs auf öffentlich zugängliche Quellen ermitteln können, kommt es im materiellen Immobiliarsachenrecht daher nicht an.

---

[146] Exemplarisch BGHZ 145, 16, 20 f.; *Böhringer*, Rpfleger 1988, 389, 391; MünchKommBGB/*Busche*, § 133 Rn. 46; vgl. BGH NJW 2012, 530 f. Rn. 13 ff.; ferner OLG Hamm NJW-RR 2016, 27, 28 Rn. 39; OLG München NJW-RR 2015, 1499, 1500 Rn. 26; Erman BGB/*A. Arnold*, § 133 Rn. 36; Erman BGB/*Artz*, § 925 Rn. 37; BeckOK BGB/*Eckert*, § 873 Rn. 20; Staudinger/*Heinze*, § 873 Rn. 66 u. 253; Staudinger/*Diehn*, § 925 Rn. 38; BeckOGK BGB/*Weber*, § 925 Rn. 83.

[147] Staudinger/*Heinze*, § 873 Rn. 62; MünchKommBGB/*Lettmaier*, § 873 Rn. 65; MünchKommBGB/*Ruhwinkel*, § 925 Rn. 23; ferner *Müller*, DNotZ 1966, 77, 78; vgl. aber Soergel/*R. Stürner*, § 925 Rn. 34.

[148] BGH NJW 1986, 1867, 1868; *Baur/Stürner*, Sachenrecht, § 22 Rn. 15; MünchKommBGB/*Lettmaier*, § 873 Rn. 63; *Müller*, DNotZ 1966, 77, 79 ff.

[149] Erman BGB/*Artz*, § 873 Rn. 15; Jauernig/*Berger*, § 873 Rn. 17; BeckOK BGB/*Grün*, § 925 Rn. 31; Staudinger/*Heinze*, § 873 Rn. 65; PWW/*Huhn*, § 873 Rn. 12 u. § 925 Rn. 10; MünchKommBGB/*Lettmaier*, § 873 Rn. 65; HK-BGB/*Staudinger*, § 873 Rn. 6; BeckOGK BGB/*Weber*, § 925 Rn. 82; anders noch BGHZ 60, 226, 231.

[150] Exemplarisch BGHZ 208, 29, 38 f. Rn. 28; BGH NJW 2002, 1038, 1039; NJW-RR 2013, 789, 790 f. Rn. 20; Erman BGB/*A. Arnold*, § 133 Rn. 18; *Baur/Stürner*, Sachenrecht, § 22 Rn. 15; *Bork*, BGB AT, § 14 Rn. 564; HK-BGB/*Dörner*, § 125 Rn. 18; Grüneberg/*Ellenberger*, § 133 Rn. 19; Jauernig/*Mansel*, § 126 Rn. 8; *Medicus/Petersen*, Bürgerliches Recht, § 6 Rn. 124; *Neuner*, BGB AT, § 35 Rn. 41; *Reymann*, NJW 2008, 1773, 1775 ff.; Staudinger/*Singer*, § 133 Rn. 14; *Stadler*, BGB AT, § 18 Rn. 18; Soergel/*R. Stürner*, § 873 Rn. 12; *Wellenhofer*, Sachenrecht, § 17 Rn. 10; ferner *Biehl*, JuS 2010, 195, 199; kritisch *Wieling*, AcP 172 (1972), 297, 307 ff.

§ 5 Synthese

Als Fortentwicklung des Spezialitätsprinzips verlangt der sachenrechtliche Bestimmtheitsgrundsatz eine so genaue Bezeichnung des Verfügungsgegenstands, dass dessen Identität eindeutig festgestellt werden kann; eine eindeutige Zuordnung der Rechtsänderung wird damit sichergestellt. Diese Aussage dürften auch die Vertreter der herrschenden Auffassung unterstreichen. Anders sieht es hingegen bei der Frage aus, welche darüber hinausgehenden Anforderungen an die dingliche Einigung zu stellen sind und auf welche Hilfsmittel bei der Auslegung der dinglichen Einigung zurückgegriffen werden kann.

Was das Mobiliarsachenrecht betrifft, wird überwiegend eine rasche und einfache Feststellbarkeit des Leistungsgegenstands gefordert, sodass die Verfügung auch durch Dritte nachvollzogen werden könne; zudem dürfe auf außervertragliche Umstände nicht zurückgegriffen werden. Insoweit gehen die im Mobiliarsachenrecht aufgestellten Anforderungen über die für das allgemeine Privatrecht geltenden Grundsätze hinaus. Das Erfordernis einer einfachen und schnellen Feststellbarkeit ist im allgemeinen Vertragsrecht unbekannt. Gleiches trifft auf den Umstand zu, dass außervertragliche Umstände nicht zur Ermittlung des Parteiwillens herangezogen werden dürfen; selbst bei formbedürftigen Rechtsgeschäften wird – mit den Einschränkungen der insbesondere im Bürgschafts- und Ebbrecht anzutreffenden, sich durch Beliebigkeit auszeichenden Andeutungstheorie[151] – ein solcher Rückgriff grundsätzlich für zulässig erachtet.[152] Hinzu kommt, dass auch dem materiellen Liegenschaftsrecht derartige Einschränkungen fremd sind.

Vor diesem Hintergrund ist fraglich, ob die für die Rechtfertigung strengerer Anforderungen im Mobiliarsachenrecht herangezogenen Argumente überzeugen. Dies trifft vor allem auf die in diesem Zusammenhang bemühte, einen gewissen Schutz ermöglichende Drittbeobachtungsformel zu. Im Ergebnis handelt es dabei um eine reine Publizitätserwägung, die die Teilnehmer am Rechtsverkehr über die Verfügung informieren und sie in die Lage zu versetzen soll, entsprechende (Schutz-) Vorkehrungen zu treffen, aber mit der Frage der Bezeichnungsgenauigkeit des Gegenstands im Rahmen der dinglichen Einigung wenig zu tun hat. Hinzu kommt, dass

---

[151] Exemplarisch BGHZ 80, 242, 244; 86, 41, 47; BGH NJW 1989, 1484, 1485 f.; 1995, 1886, 1887; NJW-RR 2010, 821 Rn. 12 f.; 2017, 833, 835 Rn. 27; Grüneberg/*Ellenberger*, § 133 Rn. 19; *Medicus/Petersen*, BGB AT, § 24 Rn. 328 ff. Der Andeutungstheorie gegenüber kritisch und auf den Zweck der in Rede stehenden Formvorschrift abstellend MünchKommBGB/*Busche*, § 133 Rn. 36 u. 61; *Grunewald*, ZGR 1995, 68, 76 f.; Soergel/*Hefermehl*, § 125 Rn. 20; BeckOGK BGB/*Möslein*, § 133 Rn. 86 ff.; Staudinger/*Singer*, § 133 Rn. 32 ff.; ferner *Biehl*, JuS 2010, 195, 199; HK-BGB/*Dörner*, § 125 Rn. 18; *Scherer*, JURA 1988, 302, 304 f.

[152] Erman BGB/*A. Arnold*, § 125 Rn. 28; *Bork*, BGB AT, § 14 Rn. 559 ff.; MünchKommBGB/*Busche*, § 133 Rn. 36 u. 59; HK-BGB/*Dörner*, § 125 Rn. 18; Soergel/*Hefermehl*, § 125 Rn. 19 u. § 133 Rn. 28; Jauernig/*Mansel*, § 133 Rn. 5; BeckOGK BGB/*Möslein*, § 133 Rn. 19 u. 82; *Neuner*, BGB AT, § 35 Rn. 37, 39 u. 49 ff.; Staudinger/*Singer*, § 133 Rn. 8 u. 30; *Stadler*, BGB AT, § 18 Rn. 17 ff.; BeckOK BGB/*Wendtland*, § 133 Rn. 26.

ein allgemeines Publizitätsprinzip dem BGB fremd ist –[153] ungeachtet des Umstands, dass einige Verfügungen durchaus einen äußerlich erkennbaren Akt verlangen[154]. So sind insbesondere die Übergabesurrogate der §§ 930 f. BGB von vornherein nicht auf Offenkundigkeit bzw. Transparenz angelegt,[155] zumal auch ein Vertrauen auf den Erhalt des Schuldnervermögens in seinem gegenwärtigen Bestand keinen Schutz genießt[156]. Insoweit ist es – neben § 138 Abs. 1 BGB[157] – die vornehmste Aufgabe der InsO bzw. des AnfG, einen gewissen Schutz vor gläubigerbenachteiligenden Handlungen zu gewährleisten[158]. Eine wie mit der Übergabe verbundene Publizitätswirkung durch bestimmte Anforderungen an die Einigung zu erreichen, ist auch deswegen fragwürdig, da außenstehenden Dritten in aller Regel kein Einsichtsrecht in die zwischen den Parteien getroffene vertragliche Abrede zusteht; ein (prozessualer) Informationsanspruch ist – trotz beachtlicher Gegenstimmen[159] – dem deutschen Recht (noch) unbekannt[160]. Anders als ein mit der Übergabe einhergehender, nach außen tretender Akt bleibt die Einigung ein reines Internum; sie kann auch deswegen nur schwer eine die Teilnehmer am Rechtsverkehr schützende Publizitätswirkung erzeugen. Ein Schutz außenstehender Dritter kann daher mit der Drittbeobachtungsformel schon gar nicht erreicht werden.

---

[153] Vgl. *Füller*, Eigenständiges Sachenrecht?, 13 u. 249 ff.; *Lieder*, Die rechtsgeschäftliche Sukzession, 366 ff.; MünchKommBGB/*Oechsler*, Anh §§ 929 ff. Rn. 5; *Säcker*, in: FS für Apostolos Georgiades, 359, 364 ff.; ferner *Bielefeld*, ZfPW 2021, 457, 459 ff.; *Wiegand*, AcP 190 (1990), 112, 131.

[154] Vgl. etwa *Bork*, BGB AT, § 13 Rn. 458; *Medicus/Petersen*, Bürgerliches Recht, § 3 Rn. 26; *Neuner*, BGB AT, § 29 Rn. 26; *Stadler*, BGB AT, § 16 Rn. 12.

[155] Vgl. *Baur/Stürner*, Sachenrecht, § 57 Rn. 13; *Bielefeld*, ZfPW 2021, 457, 459 f.; *Füller*, Eigenständiges Sachenrecht?, 13 u. 358; Staudinger/*Heinze*, vor §§ 929 ff. Rn. 20; BeckOGK BGB/*Klinck*, § 930 Rn. 28 u. 85; *Lieder*, Die rechtsgeschäftliche Sukzession, 298, 314 u. 410 ff.; MünchKommBGB/*Oechsler*, § 929 Rn. 3 u. Anh §§ 929 Rn. 5; HK-BGB/*Schulte-Nölke*, vor §§ 929 ff. Rn. 5; *Stadler*, Gestaltungsfreiheit und Verkehrsschutz durch Abstraktion, 121; Soergel/*dies.*, Einl Sachenrecht Rn. 40; *Vieweg/Lorz*, Sachenrecht, § 1 Rn. 9.

[156] *Lieder*, Die rechtsgeschäftliche Sukzession, 305 u. 314.

[157] Zur Abgrenzung der Insolvenzanfechtung bzw. der Anfechtung nach dem AnfG zu § 138 Abs. 1 BGB BGHZ 210, 30, 42, Rn. 43; ferner *Brinkmann*, Kreditsicherheiten an beweglichen Sachen und Forderungen, 275 ff.; *Gehrlein*, MDR 2008, 1069, 1073 ff.; BeckOK BGB/*Kindl*, § 930 Rn. 27 ff.; BeckOGK BGB/*Klinck*, § 930 Rn. 142 ff.; *Vieweg/Lorz*, Sachenrecht, § 12 Rn. 24 ff.; *Wellenhofer*, Sachenrecht, § 15 Rn. 27 ff.; *Wiegand*, AcP 190 (1990), 112, 124 f.

[158] Vgl. *Baur/Stürner/Bruns*, Zwangsvollstreckungsrecht, Rn. 26.1 u. 26.3; *Bork*, ZIP 2014, 797; *C. Paulus/Zenker*, JuS 2001, 1, 3 u. 8 f. Zu dem mit der Wiederherstellung der ursprünglichen Zugriffslage verbundenen Rückholanspruch (rechtsvergleichend) *Magnus*, Der Rückholanspruch, 144 ff. u. passim.

[159] Statt aller *R. Stürner*, Die Aufklärungspflicht der Parteien des Zivilprozesses, passim; *R. Stürner*, ZZP 98 (1985), 237.

[160] Zu dem von der herrschenden Auffassung hochgehaltenen Grundsatz ‚nemo tenetur edere contra se' BGH NJW 1990, 3151; NJW 2007, 155, 156 Rn. 7; GRUR 2018, 832, 840 Rn. 79; *Laumen*, in: FS für Hanns Prütting, 391; ferner *Gomille*, Informationsproblem und Wahrheitspflicht, 30 ff.; *Hau*, ZfPW 2022, 154, 162; *Osterloh-Konrad*, Der allgemeine vorbereitende Informationsanspruch, 105 ff.

Aber auch die Anforderung der schnellen und einfachen Feststellbarkeit des Verfügungsgegenstands ist nicht frei von Kritik. Ungeachtet der Unbestimmtheit dieses Kriteriums zeichnet sich auch die Rechtsprechung mitunter durch Beliebigkeit aus. So lässt sich über die Frage, ob die Verwendung der Sammelbezeichnung „Hausinventar“[161] oder die Vereinbarung, von den zur Sicherheit übereignenden Pferden „Hengste und Wallache“[162] auszunehmen, tatsächlich den von der Rechtsprechung herangezogenen Anforderungen entsprechen, getrost streiten[163]. Daher kann auch die Tragfähigkeit des ökonomischen Arguments, eine präzise Bezeichnung beuge späteren Streitigkeiten vor und führe gesamtökonomisch zu einer Reduktion von Transaktionskosten, (partiell) infrage gestellt werden. Auch die gegenwärtigen Bestimmtheitsstandards haben zahlreiche Prozesse ausgelöst, so dass sie aus ökonomischer Perspektive nicht unbedingt vorzugswürdig erscheinen.[164]

Über die allgemeinen Mindestanforderungen im Sachenrecht die Wirksamkeit der dinglichen Einigung bei Verfügungen über Mobilien von zusätzlichen Voraussetzungen abhängig zu machen, lässt sich daher nur schwer begründen.[165] Im Ergebnis ist es überzeugender, im Rahmen der dinglichen Einigung von Dritt(schutz-)gesichtspunkten Abschied zu nehmen und diese Aufgabe anderen Rechtsgebieten bzw. Rechtsinstituten, wie dem Insolvenz- bzw. Anfechtungsrecht und dem Abstraktionsprinzip[166], zu überlassen. Damit geht auch die Möglichkeit einher, den Verfügungsgegenstand mittels außervertraglicher Umstände identifizieren zu können. Zentral ist im Rahmen der dinglichen Einigung die Änderung der Zuweisung sachenrechtlicher Positionen. Auf dieser Ebene kann allein entscheidend sein, ob überhaupt die dingliche Rechtsänderung – auch mittels rechtlicher Unterscheidungskriterien wie der Eigentumslage – ermittelt werden kann. Der damit verbundene Aufwand darf – wie auch in den anderen Rechtsgebieten anerkannt – für die

---

[161] BGHZ 73, 253, 254 ff.

[162] BGH NJW 1996, 2654, 2655.

[163] Ebenfalls kritisch MünchKommBGB/*Oechsler*, Anh §§ 929 ff. Rn. 5; Staudinger/*Wiegand*, Neubearbeitung 2017, Anh zu §§ 929 ff. Rn. 105.

[164] Siehe diesbzgl. auch *Lieder*, Die rechtsgeschäftliche Sukzession, 322.

[165] So auch *Dreher*, AcP 138 (1934), 350, 366 ff.; *Lieder*, Die rechtsgeschäftliche Sukzession, 312 ff.; MünchKommBGB/*Oechsler*, Anh §§ 929 ff. Rn. 5 f.; Staudinger/*Wiegand*, Neubearbeitung 2017, Anh zu §§ 929 ff. Rn. 100 ff.; ferner Erman BGB/*Bayer*, § 929 Rn. 3; Jauernig/*Berger*, § 930 Rn. 16; *Brinkmann*, Kreditsicherheiten an beweglichen Sachen und Forderungen, 125; *Erath*, AcP 128 (1928), 344, 348 ff.; *Füller*, Eigenständiges Sachenrecht?, 20 f.; *Gursky*, JZ 1997, 1094, 1097; Staudinger/*Heinze*, Anh zu §§ 929 ff. Rn. 34 u. 36; BeckOK BGB/*Kindl*, § 930 Rn. 18; BeckOGK BGB/*Klinck*, § 930 Rn. 87 f.; *Säcker*, in: FS für Apostolos Georgiades, 359, 368 f.; HK-BGB/*Schulte-Nölke*, § 930 Rn. 6; vgl. auch *Lange*, NJW 1950, 565, 567; *G. Paulus*, JZ 1957, 41, 46 ff.

[166] Dazu statt aller *Stadler*, Gestaltungsfreiheit und Verkehrsschutz durch Abstraktion, 267 ff. u. passim; ferner *Baur/Stürner*, Sachenrecht, § 5 Rn. 41 f.; *Füller*, Eigenständiges Sachenrecht?, 127 ff.; *Grigoleit*, AcP 199 (1999), 379, 381 ff.; Staudinger/*Heinze*, vor §§ 929 ff. Rn. 17a f.; *Huber*, in: FS für Claus-Wilhelm Canaris, 471, 503 ff.; *Kern*, in: FS für Rolf Stürner, 161, 171; *Lieder*, Die rechtsgeschäftliche Sukzession, 304; *Wiegand*, AcP 190 (1990), 112, 120.

Frage der Wirksamkeit keine Rolle spielen, zumal sich Zweifelsfragen über die Verfügungsgegenstände immer stellen können. Dass schließlich im formellen Grundbuchrecht strengere Anforderungen gelten als im materiellen Recht, fügt sich in die auch für die hiesige Studie relevante Unterscheidung zwischen Prozessrecht und materiellem Recht ein.[167]

[167] Siehe dazu noch Kapitel 8 § 1 A.; für das Grundbuchverfahrensrecht ferner *Böhringer*, Rpfleger 1988, 389, 390.

Kapitel 5

Bestimmtheit bei der Übertragung von Forderungen

Obwohl es sich bei der Übertragung von Forderungen (§ 398 BGB) ebenfalls um eine Verfügung handelt, wurde im Vergleich zum Sachenrecht eine (leicht) unterschiedliche Entwicklung eingeschlagen. In diesem Abschnitt gilt es, zunächst die Unterschiede und Gemeinsamkeiten der Forderungsabtretung im Verhältnis zu den mit einer Verfügung im Sachenrecht verbundenen Wirkungen herauszuarbeiten. Danach wird die Frage der Bestimmtheit thematisiert.

§ 1 Ausgangspunkt

Trotz Verfügungscharakters der Abtretung besteht ein wichtiger Unterschied zum Sachenrecht: Anders als Sachen spricht die überwiegende Auffassung Forderungen keine absolute Position zu[168]. Eine Forderung ist kein absolutes Herrschaftsrecht mit Wirkung bzw. Ausschlussrecht gegenüber jedermann; sie entfaltet nur relative Wirkung im Verhältnis Gläubiger-Schuldner. Vor diesem Hintergrund können die zur Herleitung des sachenrechtlichen Spezialitätsprinzips und des Bestimmtheitsgrundsatzes herangezogenen Argumente nicht eins zu eins herangezogen werden.

Dieser Unterschied darf allerdings nicht darüber hinwegtäuschen, dass für die Übertragung des aus dem Sachenrecht bekannten Spezialitätsprinzips überzeugende Gründe bestehen; dies gilt im Ausgangspunkt auch für den dort geltenden Bestimmtheitsgrundsatz.[169] Entscheidend ist nicht die fehlende absolute Wirkung von Forderungen, sondern der mit der Abtretung verbundene Wechsel der Inhaberschaft. So kann der (neue) Forderungsinhaber sowohl über die Geltendmachung als auch über eine etwaige Inhaltsänderung der Forderung nach seinem Belieben entscheiden. Im Verhältnis zum Schuldner kommt dies einer absoluten Wirkung nahe, zumal auch hier wie im Sachenrecht mit der Übertragung des Leistungsobjekts eine Änderung

---

[168] Staudinger/*Busche*, Einleitung zu §§ 398 ff. Rn. 8 f.; *Dreher*, AcP 138 (1934), 350, 355; MünchKommBGB/*Ernst*, Einl. SchuldR Rn. 18 ff.; *Fikentscher/Heinemann*, Schuldrecht, § 14 Rn. 64 ff.; MünchKommBGB/*Kieninger*, § 398 Rn. 2; *Looschelders*, Schuldrecht AT, § 1 Rn. 29; *Medicus*, in: FS für Erich Steffen, 333, 338 ff.; *ders./Petersen*, Bürgerliches Recht, § 24 Rn. 610; *Neuner*, BGB AT, § 29 Rn. 52; *Stadler*, BGB AT, § 11 Rn. 9; ferner *Looschelders/Makowsky*, JA 2012, 721; a. A. *Canaris*, in: FS für Erich Steffen, 85, 90 ff.; *J. Hoffmann*, Zession und Rechtszuweisung, 104 ff.; *ders.*, JURA 2014, 71, 74; BeckOGK BGB/*Lieder*, § 398 Rn. 10 ff.

[169] Vgl. diesbzgl auch *Dreher*, AcP 138 (1934), 350, 355 ff.

der Rechtszuordnung einhergeht. Überdies kommt der Rechtsinhaberschaft zentrale Bedeutung bei der Abtretung und der Pfändung im Rahmen der Zwangsvollstreckung zu; mangelt es an dieser, gehen Abtretung und Pfändung ins Leere[170]. Diese Parallelen zum Sachenrecht rechtfertigen es, mit der Ablehnung absoluter Positionen an Sachgesamtheiten auch einem entsprechenden Herrschaftsrecht an einer nicht näher konkretisierten Forderungsgesamtheit die Anerkennung zu versagen. Eine Inhaberschaft kann daher nur an einer individualisierten Forderung möglich sein, weshalb sich auch das Verfügungsgeschäft auf eine einzelne, bestimmte Forderung beziehen muss. Daher überrascht es auch nicht, dass als Zweck des Bestimmtheitsgrundsatzes bei den §§ 398 ff. BGB ebenfalls primär Verkehrsschutzgesichtspunkte ausgemacht werden, nämlich die Förderung der Sicherheit und Leichtigkeit des Rechtsverkehrs[171] – obwohl sekundär auch auf Gesichtspunkte des Schuldnerschutzes rekurriert wird[172]. Die Statuierung von über die allgemeinen schuldrechtlichen Mindestanforderungen hinausgehenden Vorgaben für die Einigung ist daher bei der Abtretung von Forderungen gerechtfertigt.

§ 2 Die Bestimmbarkeit

Anders als bei der Übereignung von Mobilien wurde im Rahmen der Zession zu keiner Zeit auf das vergleichsweise strenge Erfordernis der Bestimmtheit abgestellt. Stattdessen reicht es aus, wenn die zu übertragene Forderung bestimmbar ist, also ihr Inhalt, ihre Höhe und die Person des Schuldners individualisiert werden können.[173] Trotz des Umstands, dass anders als bei der Übereignung von Mobilien nach § 929 S. 1 BGB die Abtretung mangels nach außen tretenden Akts keine konkretisierende Funktion wie die Übergabe erfüllen kann, scheinen Bestimmtheitsfragen bei der „gewöhnlichen" Zession typischerweise weniger Probleme zu bereiten, als dies beim

[170] Vgl. Staudinger/*Busche*, Einleitung zu §§ 398 ff. Rn. 17; MünchKommBGB/*Kieninger*, § 398 Rn. 27; BeckOGK BGB/*Lieder*, § 398 Rn. 72 u. 73; Erman BGB/*Martens*, § 398 Rn. 7; PWW/*Müller*, § 398 Rn. 10; ferner *Neuner*, BGB AT, § 29 Rn. 34 f.

[171] BeckOGK BGB/*Lieder*, § 398 Rn. 114.2; *Säcker*, in: FS für Apostolos Georgiades, 359, 368; *Schwerdtner*, NJW 1974, 1785, 1788; ferner *Haedicke*, JuS 2001, 966, 969.

[172] Siehe dazu sogleich unter Kapitel 5 § 2.

[173] Zum Kriterium der Bestimmbarkeit BGHZ 26, 285, 189; 79, 16, 21; BGH NJW-RR 2012, 332, 335 Rn. 29; BGH BeckRS 2017, 115081 Rn. 25; *Baur/Stürner*, Sachenrecht, § 58 Rn. 19; Staudinger/*Busche*, § 398 Rn. 7 ff. u. 53 ff.; *Fikentscher/Heinemann*, Schuldrecht, § 59 Rn. 722; HK-BGB/*Fries/Schulze*, § 398 Rn. 5; Grüneberg/*Grüneberg*, § 398 Rn. 14 ff.; MünchKommBGB/*Kieninger*, § 398 Rn. 66 f.; BeckOGK BGB/*Lieder*, § 398 Rn. 114; *Looschelders*, Schuldrecht AT, § 52 Rn. 18 ff.; Erman BGB/*Martens*, § 398 Rn. 25 f.; *Medicus/Lorenz*, Schuldrecht I, § 59 Rn. 15 ff.; *Medicus/Petersen*, Bürgerliches Recht, § 21 Rn. 523; PWW/*Müller*, § 398 Rn. 15 f.; BeckOK BGB/*Rohe*, § 398 Rn. 31 ff.; Soergel/*Schreiber*, § 398 Rn. 5; Jauernig/*R. Stürner*, § 398 Rn. 11 ff.; *Wellenhofer*, Sachenrecht, § 15 Rn. 43; *Westermann*, in: FS für Apostolos Georgiades, 465, 473 f.

Eigentumsübergang nach den §§ 930 f. BGB der Fall ist.[174] Anders sieht es hingegen bei der Zession künftiger Forderungen aus: Da das zu übertragende Recht erst zu einem späteren Zeitpunkt individualisierbar wird, ist es wenig überraschend, dass die Entwicklung der Bestimmtheitsanforderungen in der Rechtsprechung dort ihren Ausgangspunkt nahm.[175] Demnach muss die Forderung (nunmehr) im Zeitpunkt ihrer Entstehung bestimmbar sein.[176] Aber auch bei der Teilzession spielt die Frage der Bestimmbarkeit eine zentrale Rolle. So muss der einzelne Forderungsteil, der den Gegenstand der Verfügung bildet, bestimmbar sein; allerdings wird auch eine quoten- oder summenmäßige Festlegung als ausreichend erachtet.[177]

Die Bestimmbarkeit der abzutretenden Forderung ist dabei in erster Linie unter Zugrundelegung der Abtretungsvereinbarung zu ermitteln. Spezielle Anforderungen, auf welche Umstände bei der Auslegung der Einigung zurückgegriffen werden kann, existieren nicht, weshalb die allgemeinen im Rahmen der Vertragsauslegung geltenden Grundsätze Anwendung finden[178]. Ein Rückgriff auf außerhalb des Zessionsvertrags liegende Umstände ist daher möglich.[179] Auch die Frage des Aufwands, der mit der Individualisierung der Forderung verbunden sein kann, spielt keine Rolle; allein entscheidend ist, ob die Forderung (überhaupt) ermittelt werden kann.

Eine Besonderheit bei der Ermittlung der Bestimmbarkeit besteht allerdings im Hinblick auf die Perspektive: Maßgeblich soll nicht nur der Horizont der Parteien, sondern auch die Perspektive des Forderungsschuldners sein.[180] Diese funktional an die vom BGH im Mobiliarsachenrecht herangezogene Drittbeobachtungsformel

---

[174] Vgl. die Einschätzung von *Fikentscher/Heinemann*, Schuldrecht, § 59 Rn. 722; *Medicus/Lorenz*, Schuldrecht I, § 59 Rn. 15.

[175] So die Einschätzung von *Dreher*, AcP 138 (1934), 350, 370; vgl. auch Soergel/*Schreiber*, § 398 Rn. 5.

[176] BGHZ 7, 365, 368 f.; BGH NJW-RR 2013, 248 Rn. 8; BGH BeckRS 2020, 11460 Rn. 82; HK-BGB/*Fries/Schulze*, § 398 Rn. 5; Grüneberg/*Grüneberg*, § 398 Rn. 14; MünchKommBGB/*Kieninger*, § 398 Rn. 80; BeckOGK BGB/*Lieder*, § 398 Rn. 115 u. 152; *Looschelders*, Schuldrecht AT, § 52 Rn. 19; Erman BGB/*Martens*, § 398 Rn. 32; *Medicus/Lorenz*, Schuldrecht I, § 59 Rn. 16 f.; *Medicus/Petersen*, Bürgerliches Recht, § 21 Rn. 523; PWW/*Müller*, § 398 Rn. 13; BeckOK BGB/*Rohe*, § 398 Rn. 32; Soergel/*Schreiber*, § 398 Rn. 5 u. 7; ferner Staudinger/*Busche*, § 398 Rn. 64. Zur alten Rechtslage etwa RGZ 155, 26, 28 f.; ferner *Schwerdtner*, NJW 1974, 1785, 1788. Siehe zur antizipierten Zession auch HKK-BGB/*Hattenhauer*, §§ 398–413 Rn. 43 ff.

[177] Exemplarisch BGHZ 71, 75, 78; 79, 16, 21 f.; MünchKommBGB/*Kieninger*, § 398 Rn. 71; BeckOGK BGB/*Lieder*, § 398 Rn. 120; ferner Erman BGB/*Martens*, § 398 Rn. 26; Soergel/*Schreiber*, § 398 Rn. 9; Jauernig/*R. Stürner*, § 398 Rn. 12.

[178] Staudinger/*Busche*, § 398 Rn. 3 u. 53; MünchKommBGB/*Kieninger*, § 398 Rn. 66; BeckOGK BGB/*Lieder*, § 398 Rn. 44 u. 116.

[179] BGH NJW 2000, 276, 277; NJW-RR 2013, 248 Rn. 8; Staudinger/*Busche*, § 398 Rn. 64; BeckOGK BGB/*Lieder*, § 398 Rn. 116; PWW/*Müller*, § 398 Rn. 15; Jauernig/*R. Stürner*, § 398 Rn. 11.

[180] BGH NJW 1965, 2197, 2198; 2017, 3373, 3375 Rn. 30; Grüneberg/*Grüneberg*, § 398 Rn. 16; MünchKommBGB/*Kieninger*, § 398 Rn. 71; *Westermann*, in: FS für Apostolos Georgiades, 465, 474; vgl. Staudinger/*Busche*, § 398 Rn. 54 u. 64.

erinnernde Voraussetzung soll es dem Schuldner ermöglichen, einfach feststellen zu können, in welcher Höhe eine Inanspruchnahme drohe und ob die Forderung tatsächlich dem Zessionar zustehe. Das Bestimmtheitserfordernis entfaltet insoweit auch eine schuldnerschützende Wirkung.

§ 3 Synthese

Die Anforderungen an die Bezeichnungsgenauigkeit im Sachenrecht und bei den §§ 398 ff. BGB lassen sich auf einen gemeinsamen Ausgangspunkt zurückführen: den Bestimmtheitsgrundsatz und das Spezialitätsprinzip. Auf den ersten Blick scheinen aber unterschiedliche Stufen an Bestimmtheit zu existieren: Bestimmbarkeit im Rahmen der Forderungsabtretung und Bestimmtheit im Sachenrecht, wobei letzteres insbesondere für das Mobiliarsachenrecht gilt. Bei näherer Betrachtung erscheinen die Unterschiede aber nicht mehr so groß, wie sie die Begriffe ‚Bestimmbarkeit' und ‚Bestimmtheit' nahelegen. So ist im Rahmen der §§ 930 f. BGB die Verwendung von Sammelbezeichnungen zulässig, was eine (antizipierte) Verfügung unter Verwendung vergleichsweise unbestimmter bzw. allgemeiner Kriterien ermöglicht. Dies ist mitnichten weit von den Anforderungen an eine Zession künftiger Forderungen entfernt und wahrscheinlich mehr den unterschiedlichen Verfügungsobjekten – bewegliche Sache und Forderung – geschuldet. Als ein Unterschied bleibt hingegen das im Mobiliarsachenrecht anzutreffenden, allerdings wenig überzeugende, Verbot, außerhalb der Einigung stehende Umstände zu berücksichtigen.

Hinzu kommt der Unterschied, dass sich die Bestimmbarkeit auch aus der Perspektive des Forderungsschuldners beurteilen soll. Im Ergebnis handelt es sich dabei um ein schuldnerschützendes Element, dass neben die §§ 404, 406 ff. BGB tritt. Ebenso wenig wie die im Mobiliarsachenrecht herangezogene Drittbeobachtungsformel überzeugen kann, trifft dies auch auf den Umstand zu, die Perspektive des Forderungsschuldners mit für maßgeblich zu erklären. Schuldnerschutz wird bei der Abtretung zentral von dem ausdifferenzierten System der §§ 404, 406 ff. BGB verwirklicht.[181] Für dessen abschließende Wirkung spricht zudem, dass ein darüber hinausgehendes allgemeines Verschlechterungsverbot dem Abtretungsregime fremd ist: So kann der Schuldner nicht absolut darauf vertrauen, dass sich seine Rechtsposition nach der Abtretung nicht verschlechtert – etwa, dass der beim Zessionar eingetretene Schaden nicht den Schaden übersteigt, der beim Zedent eingetreten wäre, oder, dass der Zessionar ähnlich kulant ist wie der Zedent.[182] Überdies besteht für die Heranziehung der Schuldnerperspektive auch kein Bedarf, da ein ausrei-

---

[181] BeckOGK BGB/*Lieder*, § 398 Rn. 118 f.; Erman BGB/*Martens*, § 398 Rn. 25; *Medicus/Lorenz*, Schuldrecht I, § 60 Rn. 1 f.

[182] *U. Hoffmann*, WM 1994, 1464, 1465; *Medicus/Lorenz*, Schuldrecht I, § 60 Rn. 2; ferner *Dörner*, NJW 1990, 473, 476.

chendes Maß an Transparenz über § 410 Abs. 1 S. 1 BGB erreicht werden kann; solange der Zessionar dem Schuldner keine Abtretungsurkunde aushändigt, steht dem Schuldner ein Leistungsverweigerungsrecht zu[183]. Da die abgetretene Forderung mit hinreichender Klarheit aus der Abtretungsurkunde hervorgehen muss,[184] kann die Heranziehung der Schuldnerperspektive auch nicht mit dem Argument aufrechterhalten werden, dass zur Feststellung der Bestimmtheit der Forderung auch auf außerhalb der Abtretungsvereinbarung liegende Umstände zurückgegriffen werden darf. Hinzu kommt, dass darüber hinausgehende Möglichkeiten des Schuldners, in den rechtsgeschäftlichen Vorgang zwischen Zedent und Zessionar Einsicht zu nehmen, stark begrenzt sind. Dem deutschen Prozessrecht ist ein allgemeiner prozessualer Informationsanspruch fremd;[185] im materiellen Recht würde höchstens ein Auskunftsanspruch nach § 242 BGB in Betracht kommen, der allerdings strengen Voraussetzungen unterliegt[186]. Es ist daher überzeugender, für die Frage der Bezeichnungsgenauigkeit allein auf das Verhältnis zwischen Zedent und Zessionar abzustellen.[187] Andernfalls werden Fragen der (dinglichen) Einigung mit Aspekten des Schuldnerschutzes vermischt; letzteres sollte – ähnlich wie Drittschutzgesichtspunkte im Mobiliarsachenrecht – anderen Vorschriften bzw. Rechtsinstituten überlassen werden.

---

[183] Zu den Rechtswirkungen des § 410 Abs. 1 S. 1 BGB Staudinger/*Busche*, § 410 Rn. 5; HK-BGB/*Fries/Schulze*, § 410 Rn. 1; BeckOGK BGB/*Lieder*, § 410 Rn. 13; Erman BGB/*Martens*, § 410 Rn. 3; Soergel/*Schreiber*, § 410 Rn. 1; Jauernig/*R. Stürner*, § 410 Rn. 1.

[184] So BeckOGK BGB/*Lieder*, § 410 Rn. 14; ferner Erman BGB/*Martens*, § 409 Rn. 5.

[185] Vgl. bereits die Nachweise zum von der herrschenden Auffassung hochgehaltenen Grundsatz ‚nemo tenetur edere contra se' in Fn. 160.

[186] Zu den Voraussetzungen eines Auskunftsanspruchs aus § 242 BGB BGHZ 10, 385, 386 ff.; 55, 201, 202 f.; 126, 109, 113 f.; Staudinger/*Bittner/Kolbe*, Neubearbeitung 2019, § 260 Rn. 18 ff.; *Koch*, Mitwirkungsverantwortung im Zivilprozess, 140; MünchKommBGB/*Krüger*, § 260 Rn. 12 ff.; BeckOK BGB/*Lorenz*, § 260 Rn. 9 ff.; *Osterloh-Konrad*, Der allgemeine vorbereitende Informationsanspruch, 185 ff.

[187] Ebenso BeckOGK BGB/*Lieder*, § 398 Rn. 118 ff.; Erman BGB/*Martens*, § 398 Rn. 25; ferner *Wolf*, NJW 1966, 107.

Kapitel 6

Bestimmtheit im Erkenntnisverfahren

Auch in diesem Abschnitt ist kein Raum, auf sämtliche Vorgaben bzw. Vorschriften einzugehen, die sich mit der Bestimmtheit im Erkenntnisverfahren beschäftigen.[188] Stattdessen beschränkt sich die Studie auf die Bestimmtheitsanforderungen, die § 253 Abs. 2 ZPO an den Inhalt der Klageschrift stellt. Dieser Frage kommt zwar auch Bedeutung für die Zwangsvollstreckung zu – der vom Antrag abhängende Tenor bestimmt sowohl die Vollstreckbarkeit als auch den Vollstreckungsumfang. Der Bestimmtheit des Titels als Voraussetzung der Zwangsvollstreckung wird aber im nächsten Abschnitt nachgegangen; es erfolgt allerdings eine gemeinsame Synthese des Erkenntnis- und Vollstreckungsverfahrens.

§ 1 Ausgangspunkt

Zunächst gilt es, die allgemeinen Anforderungen zu skizzieren, denen die Klageschrift nach § 253 Abs. 2 ZPO zwingend zu entsprechen hat. So ist neben der Bezeichnung der Parteien und des Gerichts (Nr. 1) die bestimmte Angabe des Gegenstands und des Grunds des erhobenen Anspruchs erforderlich (Nr. 2); hinzu kommt ein bestimmter Antrag. Wenig Probleme bringt in aller Regel das Erfordernis ‚Bezeichnung des Gerichts' mit sich, was schon aus dem Umstand folgt, dass damit nicht das zuständige Gericht gemeint ist –[189] obwohl die Klageeinreichung bei einem unzuständigen Gericht selbstredend mit Nachteilen verbunden ist[190]. Anders kann es hingegen bei der Voraussetzung ‚Bezeichnung der Parteien' aussehen; eine Klage gegen Unbekannt ist der ZPO grundsätzlich fremd[191]. In der Regel erfordert dies

[188] Vgl. im Übrigen etwa § 313 Abs. 1 Nr. 4 ZPO sowie § 519 Abs. 2 Nr. 1 ZPO. In Zusammenhang mit dem Mahnverfahren auf die parallelen Anforderungen des § 253 Abs. 2 Nr. 2 ZPO mit § 690 Abs. 1 Nr. 3 ZPO hinweisend *Schnauder*, JuS 2001, 1054, 1055 ff. Zu dem Erfordernis eines bestimmten Beweisantrags *Braun*, ZZP 133 (2020), 271, 286 f.

[189] Wieczorek/Schütze/*Assmann*, § 253 Rn. 50; *Schilken/Brinkmann*, Zivilprozessrecht, § 5 Rn. 44.

[190] Siehe etwa *Schilken/Brinkmann*, Zivilprozessrecht, § 5 Rn. 3 u. 44.

[191] *Jauernig/Hess*, Zivilprozessrecht, § 39 Rn. 3; *Rosenberg/Schwab/Gottwald*, Zivilprozessrecht, § 96 Rn. 14; *Schilken/Brinkmann*, Zivilprozessrecht, § 5 Rn. 6 u. 45. Zu diesem Grundsatz mit seinen aufgrund des Rechts des Klägers auf effektiven Rechtsschutz verbundenen Ausnahmen Wieczorek/Schütze/*Assmann*, § 253 Rn. 34; MünchKommZPO/*Becker-*

neben den in § 130 Nr. 1 ZPO aufgezählten Kriterien die Angabe einer ladungsfähigen Anschrift, was allerdings bezüglich des Klägers mit weniger Problemen verbunden ist.[192] Hinsichtlich der Nennung des richtigen Beklagten wird dem Kläger in gewissen Punkten entgegengekommen. So ist etwa ausreichend, wenn der Beklagte – auch unter Zuhilfenahme der Anlagen – ermittelt werden kann; die Parteibezeichnung ist als Teil der Prozesshandlung ‚Klageerhebung' der Auslegung durch das Gericht zugänglich.[193] Eigene Untersuchungen des Gerichts im Sinne einer Amtsermittlung sind damit jedoch nicht verbunden; gleiches trifft allgemein im Rahmen des § 253 Abs. 2 ZPO auf die Heranziehung von außerhalb der Klageschrift liegende Umstände zu[194].

Unter dem Grund des erhobenen Anspruchs ist der tatsächliche Lebenssachverhalt zu verstehen, auf den der Kläger sein prozessuales Begehren stützt.[195] Dieses Erfordernis steht in direktem Zusammenhang mit dem Beibringungsgrundsatz, worunter die Herrschaft bzw. Verantwortung der Parteien über die beizubringenden Tatsachen verstanden wird;[196] eine Stoffermittlung von Amts wegen ist dem deut-

Eberhard, § 253 Rn. 53 ff.; Stein/Jonas/*Roth*, § 253 Rn. 16; ferner BeckOK ZPO/*Bacher*, § 253 Rn. 45.2; Musielak/Voit/*Foerste*, § 253 Rn. 18.

[192] BGHZ 102, 332, 334 f.; BGH NJW-RR 2019, 61 Rn. 14; Wieczorek/Schütze/*Assmann*, § 253 Rn. 33 u. 35; MünchKommZPO/*Becker-Eberhard*, § 253 Rn. 57; Musielak/Voit/*Foerste*, § 253 Rn. 20; *Lüke*, Zivilprozessrecht I, § 12 Rn. 7; *Rosenberg/Schwab/Gottwald*, Zivilprozessrecht, § 96 Rn. 14; Saenger/*Saenger*, § 253 Rn. 9; *Schilken/Brinkmann*, Zivilprozessrecht, § 5 Rn. 5; Stein/Jonas/*Roth*, § 253 Rn. 14.

[193] Wieczorek/Schütze/*Assmann*, § 253 Rn. 34, 46 u. 147; BeckOK ZPO/*Bacher*, § 253 Rn. 45; MünchKommZPO/*Becker-Eberhard*, § 253 Rn. 46; Saenger/*Saenger*, § 253 Rn. 8; *Schilken/Brinkmann*, Zivilprozessrecht, § 5 Rn. 8; Stein/Jonas/*Roth*, § 253 Rn. 15.

[194] MünchKommZPO/*Becker-Eberhard*, § 253 Rn. 68; Musielak/Voit/*Foerste*, § 253 Rn. 5a; *Rosenberg/Schwab/Gottwald*, Zivilprozessrecht, § 96 Rn. 15; Stein/Jonas/*Roth*, § 253 Rn. 11; vgl. BGH NJW-RR 2008, 582, 583 Rn. 7; BeckRS 2016, 2364 Rn. 24; Wieczorek/Schütze/*Assmann*, § 253 Rn. 154.

[195] Wieczorek/Schütze/*Assmann*, § 253 Rn. 62; BeckOK ZPO/*Bacher*, § 253 Rn. 53; MünchKommZPO/*Becker-Eberhard*, § 253 Rn. 75; *Braun*, ZZP 133 (2020), 271, 274 f.; Musielak/Voit/*Foerste*, § 253 Rn. 25; Zöller/*Greger*, § 253 Rn. 10; *Jauernig/Hess*, Zivilprozessrecht, § 39 Rn. 9; *Pohlmann*, Zivilprozessrecht, § 4 Rn. 162; *Rosenberg/Schwab/Gottwald*, Zivilprozessrecht, § 96 Rn. 18; Saenger/*Saenger*, § 253 Rn. 25; *Schilken/Brinkmann*, Zivilprozessrecht, § 5 Rn. 48.

[196] Allgemein zum Beibringungsgrundsatz bzw. zur Verhandlungsmaxime *Althammer*, in: Mindeststandards im europäischen Zivilprozessrecht, 3, 20 ff.; *Bruns*, in: Die Zukunft des Zivilprozesses, 53, 58 ff.; *Hau*, ZfPW 2022, 154, 159 f.; *Henckel*, Prozessrecht und materielles Recht, 143 ff.; *Jacoby*, Zivilprozessrecht, Kap. 4 Rn. 13 ff.; *Jauernig/Hess*, Zivilprozessrecht, § 24 Rn. 5 ff.; *Koch*, Mitwirkungsverantwortung im Zivilprozess, 98 ff.; Stein/Jonas/*Kern*, vor § 128 Rn. 175 ff.; *Lüke*, Zivilprozessrecht I, § 2 Rn. 9 ff.; *McGuire*, in: Jahrbuch Junger Zivilrechtswissenschaftler 2003, 99, 102 ff.; Musielak/Voit/*Musielak*, Einleitung Rn. 37 ff.; *Pohlmann*, Zivilprozessrecht, § 2 Rn. 66 ff.; *Prütting*, NJW 1980, 361, 362 f.; MünchKommZPO/*Rauscher*, Einleitung Rn. 353 ff.; *Rosenberg/Schwab/Gottwald*, Zivilprozessrecht, § 77 Rn. 1 ff.; Saenger/*Saenger*, Einführung Rn. 66 ff.; *Schilken/Brinkmann*, Zivilprozessrecht, § 2 Rn. 8 ff.; *Schilken*, ZZP 135 (2022), 153, 158 u. 167 ff.; *Schreiber*, JURA 2007, 500, 504 f.; *R. Stürner*, in: FS für Fritz Baur, 647, 657 ff.

schen Zivilprozess im Grundsatz fremd[197]. Hinsichtlich des Anspruchsgrunds ist nunmehr durchgängig anerkannt, dass es nicht auf das geltend gemachte materielle Recht ankommt, sondern § 253 Abs. 2 Nr. 2 ZPO den prozessualen Anspruch meint –[198] daher verwundert es nicht, dass diese Frage eng mit dem Streitgegenstandsbegriff zusammenhängt[199]. So lässt sich die Frage, welche Anforderungen an die Bestimmtheit zu stellen sind, auch vor dem Hintergrund der jeweils zugrunde gelegten Streitgegenstandslehre erklären. Die nicht mehr herrschende Substantiierungstheorie verlangt (mindestens) die Angaben der Tatsachen, die zur Begründung der Schlüssigkeit der Klage erforderlich sind – nach der alten Individualisierungstheorie war hingegen das den Gegenstand der Klage bildende Rechtsverhältnis dergestalt zu präzisieren, dass es von anderen Rechtsverhältnissen eindeutig unterscheidbar war.[200] Mit der Hinwendung zum prozessual zweigliedrigen Streitgegenstandsbegriff[201] kam es (mittelbar) auch zu einer Neuverortung des notwendigen Inhalts der Klageschrift. Nach der sog. verbesserten Individualisierungstheorie reicht die Angabe eines Sachverhalts aus, mit dessen Hilfe der prozessuale Anspruch identifiziert werden kann; die vom Kläger vorgebrachten Tatsachen müssen eine Unterscheidung von anderen (prozessualen) Ansprüchen ermöglichen.[202] Im Er-

---

[197] Allgemein zu den Ausnahmen, die sich in der Regel durch ein starkes öffentliches Interesse auszeichnen, *Jauernig/Hess*, Zivilprozessrecht, § 24 Rn. 62; Musielak/Voit/*Musielak*, Einleitung Rn. 38; *Pohlmann*, Zivilprozessrecht, § 2 Rn. 82; MünchKommZPO/*Rauscher*, Einleitung Rn. 372 ff.; *Rosenberg/Schwab/Gottwald*, Zivilprozessrecht, § 77 Rn. 4 u. 45 ff.; Saenger/*Saenger*, Einführung Rn. 68. De lege ferenda hinsichtlich Umweltsachen von besonderer Bedeutung *Uhlmann*, in: Jahrbuch Junge Zivilrechtswissenschaft 2022, 281, 306 ff.

[198] BGHZ 117, 1, 5; *Jauernig/Hess*, Zivilprozessrecht, § 39 Rn. 8; *Lüke*, Zivilprozessrecht I, § 12 Rn. 11; *Rosenberg/Schwab/Gottwald*, Zivilprozessrecht, § 96 Rn. 18; *Schilken/Brinkmann*, Zivilprozessrecht, § 5 Rn. 46; Stein/Jonas/*Roth*, § 253 Rn. 23.

[199] Auf den Zusammenhang zwischen § 253 Abs. 2 Nr. 2 ZPO mit dem Streitgegenstandsverständnis hinweisend *Jauernig/Hess*, Zivilprozessrecht, § 37 Rn. 13; *Schilken/Brinkmann*, Zivilprozessrecht, § 5 Rn. 46 u. 48; ferner MünchKommZPO/*Becker-Eberhard*, § 253 Rn. 75; *Braun*, ZZP 133 (2020), 271, 274 f.

[200] Zur Substantiierungstheorie etwa RGZ 143, 57, 65; ferner *Jauernig/Hess*, Zivilprozessrecht, § 37 Rn. 16; *Rosenberg/Schwab/Gottwald*, Zivilprozessrecht, § 96 Rn. 21 f. Zur alten Individualisierungstheorie *M. Vollkommer*, in: FS für Gerhard Lüke, 865, 883.

[201] Dazu etwa BGHZ 117, 1, 5; 211, 189, 196 f. Rn. 24; BeckRS 2020, 42398 Rn. 10; *Althammer*, Streitgegenstand und Interesse, 94 ff. u. passim; Wieczorek/Schütze/*Assmann*, § 253 Rn. 74; MünchKommZPO/*Becker-Eberhard*, vor § 253 Rn. 32 ff.; *Jacoby*, Zivilprozessrecht, Kap. 7 Rn. 42 f.; *Jauernig/Hess*, Zivilprozessrecht, § 37 Rn. 30 ff.; *Lüke*, Zivilprozessrecht I, § 12 Rn. 3 ff.; Musielak/Voit/*Musielak*, Einleitung Rn. 69; *Pohlmann*, Zivilprozessrecht, § 7 Rn. 322 ff.; *Rosenberg/Schwab/Gottwald*, Zivilprozessrecht, § 93 Rn. 10 ff.; Saenger/*Saenger*, Einführung Rn. 101; *Schilken/Brinkmann*, Zivilprozessrecht, § 5 Rn. 69 ff.

[202] Etwa BGH NJW 2000, 3492, 3493 f.; NJW-RR 2004, 639, 640; NJW 2020, 3102, 3103 Rn. 22; Wieczorek/Schütze/*Assmann*, § 253 Rn. 63 u. 67; BeckOK ZPO/*Bacher*, § 253 Rn. 53; MünchKommZPO/*Becker-Eberhard*, § 253 Rn. 79 ff.; Musielak/Voit/*Foerste*, § 253 Rn. 26; Zöller/*Greger*, § 253 Rn. 11; *Jauernig/Hess*, Zivilprozessrecht, § 37 Rn. 14 f.; *Lüke*, Zivilprozessrecht I, § 12 Rn. 11; *Pohlmann*, Zivilprozessrecht, § 4 Rn. 162; *Rosenberg/Schwab/Gottwald*, Zivilprozessrecht, § 96 Rn. 20; Saenger/*Saenger*, § 253 Rn. 25; *Schilken/*

gebnis soll für alle am Prozess Beteiligten zu einem möglichst frühen Zeitpunkt Klarheit darüber hergestellt werden, welche Streitsache anhängig ist. Erforderlich ist allerdings weder die Angabe der materiell-rechtlichen Anspruchsgrundlage noch die Schlüssigkeit des Vorbringens;[203] ihnen kommt in erster Linie im Rahmen der Begründetheit Bedeutung zu – insoweit überrascht es nicht, dass beide Elemente eng mit einem materiell-rechtlichem Streitgegenstandsverständnis verbunden sind. Eine Ergänzung der tatsächlichen und rechtlichen Elemente kann daher – etwa infolge richterlichen Hinweises (§ 139 ZPO) – auch noch während des Prozesses erfolgen.[204]

Zentral für die hiesige Studie ist das Erfordernis eines bestimmten Antrags. § 253 Abs. 2 Nr. 2 ZPO ist unmittelbar vor dem Hintergrund der Dispositionsmaxime zu sehen – die Herrschaft der Parteien über Anfang, Streitgegenstand und Ende des Prozesses, die zugleich mit einer entsprechenden Verantwortung einhergeht[205]. Da nach § 308 Abs. 1 ZPO das Gericht nicht befugt ist, einer Partei etwas zuzusprechen, was nicht beantragt wurde, ist die Angabe des klägerischen Begehrens zwingend erforderlich – insoweit treten (auch) Parallelen zum schuldrechtlichen Mindestinhalt zutage: In einem sich durch Privatinitiative auszeichnenden System hat das Ob und Wie der Durchsetzung privater Interessen von der Entscheidung der Parteien abzuhängen[206]. Das im Einzelnen von § 253 Abs. 2 Nr. 2 ZPO verlangte Maß an Konkretisierung hängt dabei von der Klageart und vom Inhalt des Rechtsschutzbegehrens ab.[207] Als Prozesshandlung ist der Antrag der Auslegung zugänglich; auch darf der Kläger sein diesbezügliches Vorbringen während des Prozesses ergänzen.[208]

Brinkmann, Zivilprozessrecht, § 5 Rn. 48; *Schnauder*, JuS 2001, 1054, 1056; Stein/Jonas/*Roth*, § 253 Rn. 52.

[203] Wieczorek/Schütze/*Assmann*, § 253 Rn. 62 f.; MünchKommZPO/*Becker-Eberhard*, § 253 Rn. 79; Zöller/*Greger*, § 253 Rn. 10; *Jacoby*, Zivilprozessrecht, Kap. 7 Rn. 24; *Pohlmann*, Zivilprozessrecht, § 4 Rn. 162; *Rosenberg/Schwab/Gottwald*, Zivilprozessrecht, § 96 Rn. 23; Saenger/*Saenger*, § 253 Rn. 25; *Schilken/Brinkmann*, Zivilprozessrecht, § 5 Rn. 48; *Schnauder*, JuS 2001, 1054, 1056; Stein/Jonas/*Roth*, § 253 Rn. 52 f.

[204] *Jauernig/Hess*, Zivilprozessrecht, § 37 Rn. 14; *Lüke*, Zivilprozessrecht I, § 12 Rn. 13; *Pohlmann*, Zivilprozessrecht, § 4 Rn. 162; *Schilken/Brinkmann*, Zivilprozessrecht, § 5 Rn. 49; Stein/Jonas/*Roth*, § 253 Rn. 53.

[205] Allgemein zur Dispositionsmaxime *Althammer*, in: Mindeststandards im europäischen Zivilprozessrecht, 3, 17 ff.; *Bruns*, in: Die Zukunft des Zivilprozesses, 53, 56 ff.; *Hau*, ZfPW 2022, 154, 159 f.; *Henckel*, Prozessrecht und materielles Recht, 119 ff.; *Jacoby*, Zivilprozessrecht, Kap. 4 Rn. 1 ff.; *Jauernig/Hess*, Zivilprozessrecht, § 24 Rn. 4 ff.; *Koch*, Mitwirkungsverantwortung im Zivilprozess, 98 f.; Stein/Jonas/*Kern*, vor § 128 Rn. 161 ff.; *Lüke*, Zivilprozessrecht I, § 2 Rn. 2 ff.; Musielak/Voit/*Musielak*, Einleitung Rn. 35; *Pohlmann*, Zivilprozessrecht, § 2 Rn. 52 ff.; MünchKommZPO/*Rauscher*, Einleitung Rn. 337 ff.; *Rosenberg/Schwab/Gottwald*, Zivilprozessrecht, § 76 Rn. 1 ff.; Saenger/*Saenger*, Einführung Rn. 63 f.; *Schilken/Brinkmann*, Zivilprozessrecht, § 2 Rn. 2 ff.; *Schilken*, ZZP 135 (2022), 153, 157 f. u. 164 ff.; *Schreiber*, JURA 2007, 500, 503 f.; *R. Stürner*, in: FS für Fritz Baur, 647, 650 ff.

[206] Siehe dazu schon Kapitel 2 § 2; ferner *Jacoby*, Zivilprozessrecht, Kap. 4 Rn. 1; *Jauernig/Hess*, Zivilprozessrecht, § 1 Rn. 7 u. § 24 Rn. 1; *Pohlmann*, Zivilprozessrecht, § 2 Rn. 64; *Schilken/Brinkmann*, Zivilprozessrecht, § 2 Rn. 2; *Zöllner*, AcP 190 (1990), 471, 483 f.

[207] Siehe dazu noch Kapitel 6 § 3.

Neben der Angabe des Grunds und des Antrags kommt dem ebenfalls in § 253 Abs. 2 Nr. 2 ZPO genannten Gegenstand in den meisten Fällen nur eine untergeordnete Bedeutung zu. Landläufig wird unter dem Erfordernis des Gegenstands die Präzisierung des Rechtsschutzbegehrens verstanden.[209] Diese Funktion wird nach dem nunmehr herrschen Streitgegenstandsbegriff in aller Regel schon vom Antrag und vom Grund erfüllt.[210] Eine selbstständige Bedeutung kommt dem Gegenstand daher nur in besonderen Konstellationen zu – etwa wenn aus einem Lebenssachverhalt mehrere Ansprüche resultieren, von denen jeweils nur ein Teilbetrag geltend gemacht werden soll.[211]

Als Ausdruck der Prozessleitungspflicht des Gerichts (§ 139 ZPO) wird dem Kläger bei einem Verstoß gegen § 253 Abs. 2 ZPO zunächst die Möglichkeit gegeben, den Mangel zu beheben. In bestimmten Konstellationen kann auch eine Umdeutung einer Leistungs- in eine Feststellungsklage in Betracht kommen, was allerdings ein taugliches Feststellungsinteresse erfordert.[212] Bei den Bestimmtheitsanforderungen des § 253 Abs. 2 Nr. 2 ZPO handelt es sich um eine von Amts wegen zu prüfende Voraussetzung; einer Rüge des Beklagten bedarf es daher grundsätzlich nicht.[213] Kann der Kläger die ihn treffende Bezeichnungslast bis zum Zeitpunkt der letzten mündlichen Verhandlung nicht erfüllen, wird die Klage in der Regel durch Prozessurteil als unzulässig abgewiesen.[214] Die Rechtskraft beschränkt sich insoweit auf den konkreten verfahrensrechtlichen Punkt, entfaltet folglich keine

---

[208] Wieczorek/Schütze/*Assmann*, § 253 Rn. 78; MünchKommZPO/*Becker-Eberhard*, § 253 Rn. 91; *Jauernig/Hess*, Zivilprozessrecht, § 39 Rn. 4 Fn. 4; *Sutschet*, ZZP 119 (2006), 279, 280.

[209] *Schilken/Brinkmann*, Zivilprozessrecht, § 5 Rn. 47; ferner *Sutschet*, ZZP 119 (2006), 279, 281.

[210] Wieczorek/Schütze/*Assmann*, § 253 Rn. 53; MünchKommZPO/*Becker-Eberhard*, § 253 Rn. 70; *Jauernig/Hess*, Zivilprozessrecht, § 39 Rn. 8; *Rosenberg/Schwab/Gottwald*, Zivilprozessrecht, § 96 Rn. 17; *Schilken/Brinkmann*, Zivilprozessrecht, § 5 Rn. 47; ferner BeckOK ZPO/*Bacher*, § 253 Rn. 52.

[211] Dazu sowie zu weiteren Konstellationen Wieczorek/Schütze/*Assmann*, § 253 Rn. 54 ff.; *Rosenberg/Schwab/Gottwald*, Zivilprozessrecht, § 96 Rn. 24 ff.; Stein/Jonas/*Roth*, § 253 Rn. 28 ff.; vgl. auch *Braun*, ZZP 133 (2020), 271, 276 f.; *Jacoby*, Zivilprozessrecht, Kap. 7 Rn. 24; *Schnauder*, JuS 2001, 1054, 1057 f.

[212] BGHZ 118, 70, 81 f.; Wieczorek/Schütze/*Assmann*, § 253 Rn. 147; *Jacoby*, Zivilprozessrecht, Kap. 7 Rn. 25; Stein/Jonas/*Roth*, § 253 Rn. 50.

[213] MünchKommZPO/*Becker-Eberhard*, § 253 Rn. 156; Zöller/*Greger*, § 253 Rn. 23; Stein/Jonas/*Roth*, § 253 Rn. 22 u. 61 f.; ferner *Jauernig/Hess*, Zivilprozessrecht, § 39 Rn. 13; differenzierend *Lüke*, Zivilprozessrecht I, § 12 Rn. 13.

[214] Wieczorek/Schütze/*Assmann*, § 253 Rn. 198; BeckOK ZPO/*Bacher*, § 253 Rn. 80; MünchKommZPO/*Becker-Eberhard*, § 253 Rn. 156 u. 184 f.; Zöller/*Greger*, § 253 Rn. 23; *Jauernig/Hess*, Zivilprozessrecht, § 39 Rn. 1; *Lüke*, Zivilprozessrecht I, § 12 Rn. 4 u. 13; *Rosenberg/Schwab/Gottwald*, Zivilprozessrecht, § 96 Rn. 23 u. 53; *Schilken/Brinkmann*, Zivilprozessrecht, § 5 Rn. 61; Stein/Jonas/*Roth*, § 253 Rn. 22; *Sutschet*, ZZP 119 (2006), 279, 280.

Sperrwirkung hinsichtlich des Streitgegenstands[215]. Sollten die Vorgaben des § 253 Abs. 2 ZPO eklatant missachtet werden – etwa bei völliger Unbestimmtheit des Antrags – kann es sogar an einer wirksamen Klageerhebung mangeln;[216] die mit einer Klageerhebung einhergehenden prozessrechtlichen und materiell-rechtlichen Wirkungen bleiben dann aus[217].

§ 2 Zweck des Bestimmtheitsgebots

Der Zweck der von § 253 Abs. 2 ZPO an die Klageschrift gestellten Bestimmtheitsanforderungen lässt sich in eine subjektive, die Parteien, und eine objektive, den Prozess betreffende, Komponente untergliedern. Hinsichtlich der subjektiven Komponente geht es um den Schutz des Beklagten.[218] Dieser soll bereits mit Klageerhebung, also zu einem möglichst frühen Zeitpunkt, Kenntnis vom klägerischen Begehren erhalten, um sich präzise verteidigen zu können. Das in Richtung ‚Herstellung einer prozessualen Waffengleichheit'[219] abzielende Verständnis bringt es mit sich, dass der Beklagte bereits die Klageschrift als Grundlage für seine Verteidigung heranziehen können soll. Vor diesem Hintergrund ist auch die Vorgabe zu verstehen, dass sich der in § 253 Abs. 2 ZPO festgelegte Mindestinhalt aus der Klageschrift selbst entnehmen lassen muss. Des Weiteren ist der Zusammenhang des Bestimmtheitsgebots mit dem Grundsatz der Parteiherrschaft[220] hervorzuheben. Vor diesem Hintergrund gilt das Erfordernis eines bestimmten Antrags als Ausprägung der Dispositionsmaxime und die Angabe des Klagegrundes als Konkretisierung des

---

[215] Vgl. Zöller/*Greger*, § 253 Rn. 23; Stein/Jonas/*Roth*, § 253 Rn. 62. Für den Erlass eines abweisenden Sachurteils hingegen *Braun*, ZZP 133 (2020), 271, 277 ff.

[216] Wieczorek/Schütze/*Assmann*, § 253 Rn. 174; *Pohlmann*, Zivilprozessrecht, § 4 Rn. 161; *Schnauder*, JuS 2001, 1054, 1058.

[217] Zu diesen Folgen Wieczorek/Schütze/*Assmann*, § 253 Rn. 174 f.; Zöller/*Greger*, vor §§ 253 ff. Rn. 26 f.; *Jacoby*, Zivilprozessrecht, Kap. 7 Rn. 30 ff.; *Jauernig/Hess*, Zivilprozessrecht, § 40 Rn. 1 ff.; *Lüke*, Zivilprozessrecht I, § 15 Rn. 2 ff.; *Pohlmann*, Zivilprozessrecht, § 4 Rn. 171 ff.; *Rosenberg/Schwab/Gottwald*, Zivilprozessrecht, § 96 Rn. 52; *Schilken/Brinkmann*, Zivilprozessrecht, § 5 Rn. 74 ff.; *Schnauder*, JuS 2001, 1054 f.

[218] Wieczorek/Schütze/*Assmann*, § 253 Rn. 76 u. 154; Musielak/Voit/*Foerste*, § 253 Rn. 29; Stein/Jonas/*Roth*, § 253 Rn. 11; vgl. BeckOK ZPO/*Bacher*, § 253 Rn. 57; MünchKommZPO/*Becker-Eberhard*, § 253 Rn. 88; *Jauernig/Hess*, Zivilprozessrecht, § 38 Rn. 1; *Rosenberg/Schwab/Gottwald*, Zivilprozessrecht, § 96 Rn. 20; Saenger/*Saenger*, § 253 Rn. 13.

[219] Allgemein zur Waffengleichheit im Zivilprozess Stein/Jonas/*Kern*, vor § 128 Rn. 124 ff.; *ders.*, ZZP 136 (2023), 201; *Lüke*, Zivilprozessrecht I, § 2 Rn. 39; Musielak/Voit/*Musielak*, Einleitung Rn. 31 f.; MünchKommZPO/*Rauscher*, Einleitung Rn. 279 ff.; Saenger/*Saenger*, Einführung Rn. 61; *Schack*, ZZP 129 (2016), 393, 400 ff.; *Schilken/Brinkmann*, Zivilprozessrecht, § 1 Rn. 27 f.; Zöller/*G. Vollkommer/Geimer*, Einleitung Rn. 27; *M. Vollkommer*, in: FS für Karl Heinz Schwab, 503.

[220] Unter der Parteiherrschaft ist in erster Linie die Herrschaft der Parteien über den Streitgegenstand (Dispositionsmaxime) und die beizubringenden Tatsachen zu verstehen (Beibringungsgrundsatz).

Beibringungsgrundsatzes. Aus Perspektive des Beklagtenschutzes weist der Grundsatz der Parteiherrschaft den Parteien eine klare Rolle zu. Damit einher geht ein gewisses Maß an Vorhersehbarkeit, was die andere Partei in die Lage versetzt, ihre Verteidigungsrechte gezielt auszuüben;[221] im weiteren Sinne wird damit auch die Rollenverteilung zwischen Parteien und Gericht sowie die Neutralität und Unabhängigkeit der rechtsprechenden Organe gewahrt[222].

Zentraler Stellenwert wird üblicherweise der objektiven Komponente des § 253 Abs. 2 ZPO eingeräumt. Dahinter steht das allgemeine öffentliche Interesse daran sicherzustellen, dass nur Klagen mit präzisem Inhalt erhoben werden.[223] Mit der Festlegung des Klageantrags wird der Streitgegenstand mit den damit einhergehenden Folgen auf prozessualer und materiell-rechtlicher Ebene fixiert.[224] Neben der Bedeutung für die Rechtskraft bildet der Antrag die Grundlage für den Tenor und die sich gegebenenfalls nach Urteilserlass anschließende Zwangsvollstreckung[225]. Da jedes gerichtliche Verfahren mit der Inanspruchnahme staatlicher Ressourcen verbunden ist, besteht schon aus haushalterischen Gründen ein Interesse daran, den Kläger in die Pflicht zu nehmen, die Gerichte mit einem (einigermaßen) präzisen klägerischen Begehren sowie einem ausreichenden Minimum an Tatsachen zu versorgen und einen Erlass von Urteilen, die aufgrund ihrer Unbestimmtheit nicht vollstreckbar sind, zu verhindern. Ähnliches lässt sich auch aus prozessökonomischer Perspektive anbringen, wonach allgemein ein zügiges und kostengünstiges Verfahren anzustreben ist.[226]

Ein daran anschließender Gesichtspunkt steht mit dem Vollstreckungsverfahren in Zusammenhang.[227] So soll das Bestimmtheitsgebot sicherstellen, dass über den Streitgegenstand (möglichst) vollumfänglich im Erkenntnisverfahren entschieden wird; die mit dem Urteilsinhalt in Zusammenhang stehenden Fragen gilt es, nicht in das Vollstreckungsverfahren zu verlagern.[228] Andernfalls wird der mit der Aufga-

---

[221] Siehe dazu (auch) noch Kapitel 8 § 1 A.

[222] Vgl. diesbzgl. *Uhlmann*, GVRZ 2023, 7 Rn. 31 u. 48; ferner *Jauernig/Hess*, Zivilprozessrecht, § 8 Rn. 11; *Meyer*, JR 2004, 1, 4; *Schilken/Brinkmann*, Zivilprozessrecht, § 3 Rn. 16 ff.

[223] Stein/Jonas/*Roth*, § 253 Rn. 2; vgl. Wieczorek/Schütze/*Assmann*, § 253 Rn. 200; Musielak/Voit/*Foerste*, § 253 Rn. 29; *Rosenberg/Schwab/Gottwald*, Zivilprozessrecht, § 96 Rn. 20.

[224] Zu den mit der Festlegung des Streitgegenstands verbundenen Folgen *Jauernig/Hess*, Zivilprozessrecht, § 24 Rn. 6 ff.; *Schilken/Brinkmann*, Zivilprozessrecht, § 5 Rn. 63 ff.

[225] Siehe dazu noch Kapitel 7.

[226] Allgemein zur Frage der Prozessökonomie *Althammer*, in: Mindeststandards im europäischen Zivilprozessrecht, 3, 24 ff.; *Berner*, ZZP 136 (2022), 23; *Bruns*, ZZP 124 (2011), 29 ff.; *Hess*, in: FS für Herbert Kronke, 893, 897 ff.; *Hofmann*, ZZP 126 (2013), 83, 85 ff.; *Schöpflin*, JR 2003, 485; *R. Stürner*, ZZP 127 (2014), 271, 311 ff.; Zöller/*G. Vollkommer/Geimer*, Einleitung Rn. 49 f.; ferner *Hyckel*, GVRZ 2020, 5 Rn. 67 ff.

[227] Siehe zum Vollstreckungsverfahren noch Kapitel 7.

[228] MünchKommZPO/*Becker-Eberhard*, § 253 Rn. 45 u. 90; Musielak/Voit/*Foerste*, § 253 Rn. 29; Stein/Jonas/*Roth*, § 253 Rn. 26; *Schäfer*, WM 1999, 153, 156; siehe aber auch *Gaul/*

bentrennung in Erkenntnis- und Vollstreckungsverfahren verbundene Effizienzgewinn zunichtegemacht.[229]

§ 3 Bestimmtheit des Klageantrags

Für die ‚Bestimmtheit des Klageantrags' gelten je nach Klageart (Leistungs-, Feststellungs- und Gestaltungsklage) und Inhalt des Rechtsschutzbegehrens unterschiedliche Anforderungen. Im Hinblick auf Feststellungs- und Gestaltungsklagen ist die materiell-rechtliche Position zentral, auf die der Kläger sein Begehren stützt. So legt bei der Feststellungsklage das Rechtsverhältnis das erforderliche Maß an Präzisierung fest.[230] Bei Gestaltungsklagen erfüllt diese Aufgabe das zu gestaltende Rechtsverhältnis bzw. die vom Kläger herangezogene Rechtsgrundlage – insoweit können die Anforderungen auch vergleichsweise großzügig sein, etwa wenn das materielle Recht Ermessen einräumt.[231]

Zentrale Bedeutung kommt der Bestimmtheit des Klageantrags bei der Leistungsklage zu. Prüfungsmaßstab ist hier nicht das materielle Recht bzw. die vom Kläger herangezogene Rechtsgrundlage, sondern die Vollstreckbarkeit des Urteils[232] – bei Feststellungs- und Gestaltungsklagen scheidet eine Vollstreckung in der Hauptsache aus bzw. die avisierte Änderung der Rechtslage tritt automatisch mit Rechtskraft des Titels ein[233]. Die weiteren Anforderungen des genuin prozessrechtlichen Prüfungsmaßstabs der Vollstreckbarkeit bestimmen sich nach dem Inhalt des klägerischen Begehrens. So ist bei einer Zahlungsklage grundsätzlich die Bezifferung der begehrten Summe erforderlich; als ausreichend wird aber auch die

---

Schilken/Becker-Eberhard, Zwangsvollstreckungsrecht, § 10 Rn. 22; *Jahnke*, ZZP 93 (1980), 43 f.; *Sutschet*, ZZP 119 (2006), 279 f.

[229] Allgemein zu den Hintergründen, zwischen Erkenntnis- und Vollstreckungsverfahren zu unterscheiden, Kapitel 7 § 1.

[230] Wieczorek/Schütze/*Assmann*, § 253 Rn. 64 u. 135; MünchKommZPO/*Becker-Eberhard*, § 253 Rn. 154; Saenger/*Saenger*, § 253 Rn. 22; *Schilken/Brinkmann*, Zivilprozessrecht, § 5 Rn. 51; vgl. auch BeckOK ZPO/*Bacher*, § 253 Rn. 72, wonach „grundsätzlich dieselben Anforderungen wie für Leistungsanträge [gelten]".

[231] Wieczorek/Schütze/*Assmann*, § 253 Rn. 66 u. 138; MünchKommZPO/*Becker-Eberhard*, § 253 Rn. 155; Saenger/*Saenger*, § 253 Rn. 23; *Schilken/Brinkmann*, Zivilprozessrecht, § 5 Rn. 51.

[232] Allgemein zu Leistungsklagen Wieczorek/Schütze/*Assmann*, § 253 Rn. 79; *Jacoby*, Zivilprozessrecht, Kap. 1 Rn. 4 u. Kap. 7 Rn. 24; *Jauernig/Hess*, Zivilprozessrecht, § 39 Rn. 4; *Pohlmann*, Zivilprozessrecht, § 4 Rn. 164; *Rosenberg/Schwab/Gottwald*, Zivilprozessrecht, § 96 Rn. 28; Saenger/*Saenger*, § 253 Rn. 14; *Schilken/Brinkmann*, Zivilprozessrecht, § 5 Rn. 15 u. 51; Stein/Jonas/*Roth*, § 253 Rn. 31; vgl. BeckOK ZPO/*Bacher*, § 253 Rn. 57.

[233] *Baur/Stürner/Bruns*, Zwangsvollstreckungsrecht, Rn. 13.7; MünchKommZPO/*Becker-Eberhard*, vor § 253 Rn. 21; Zöller/*Greger*, vor §§ 253 ff. Rn. 5 u. 7; *Jacoby*, Zivilprozessrecht, Kap. 1 Rn. 4; *Jauernig/Hess*, Zivilprozessrecht, § 34 Rn. 8 u. 26; *Pohlmann/Schäfers*, Zwangsvollstreckungsrecht, § 1 Rn. 6; *Pohlmann*, Zivilprozessrecht, § 4 Rn. 149 u. 157; *Rosenberg/Schwab/Gottwald*, Zivilprozessrecht, § 91 Rn. 1 u. § 92 Rn. 15.

Angabe der Faktoren erachtet, mit deren Hilfe jederzeit eine Bezifferung möglich ist.[234] Bei Herausgabeklagen ist der betreffende Gegenstand so konkret wie möglich zu bezeichnen, so dass Unklarheiten für den Gerichtsvollzieher ausgeräumt sind.[235] Dies trifft auch auf Sachgesamtheiten zu, wenn die Gegenstände nach der Sammelbezeichnung hinreichend individualisiert sind.[236]

Offener sind die Bestimmtheitsanforderungen bei Klagen, die auf die Vornahme einer bestimmten Handlung gerichtet sind, die nicht in der Abgabe einer Willenserklärung besteht. Ausgangspunkt ist zwar auch hier die Vorgabe, Art und Umfang der begehrten Handlung so präzise zu bezeichnen, wie sie vom Beklagten geschuldet wird.[237] Entsprechendes gilt für Unterlassungsklagen: Das beanstandete Verhalten muss so genau präzisiert werden, dass eine gerichtliche Festsetzung des Inhalts und Umfangs des Unterlassungsgebots unschwer möglich ist.[238] Was diese Anforderungen betrifft, kommt das Prozessrecht dem Kläger allerdings in zwei Punkten entgegen: Erstens, um das Recht des Klägers auf effektiven Rechtsschutz nicht zu vereiteln (prozessuale Gründe), zweitens, wenn sich aus dem materiellen Recht etwas anderes ergibt (materiell-rechtliche Gründe).[239] Aus prozessualen Gründen

---

[234] BGH NJW-RR 2013, 511, Rn. 11; Wieczorek/Schütze/*Assmann*, § 253 Rn. 91; Zöller/*Greger*, § 253 Rn. 13a; *Rosenberg/Schwab/Gottwald*, Zivilprozessrecht, § 96 Rn. 28; Stein/Jonas/*Roth*, § 253 Rn. 37; Saenger/*Saenger*, § 253 Rn. 15; vgl. MünchKommZPO/*Becker-Eberhard*, § 253 Rn. 95; *Jacoby*, Zivilprozessrecht, Kap. 7 Rn. 24; *Jauernig/Hess*, Zivilprozessrecht, § 39 Rn. 4; *Mes*, NJW 1973, 875, 877; *Schilken/Brinkmann*, Zivilprozessrecht, § 5 Rn. 51.

[235] BGHZ 153, 69, 75f.; BGH NJW 2015, 2812, 2815 Rn. 48; Wieczorek/Schütze/*Assmann*, § 253 Rn. 86; BeckOK ZPO/*Bacher*, § 253 Rn. 65f.; MünchKommZPO/*Becker-Eberhard*, § 253 Rn. 147; *Gaul*, Rpfleger 1971, 81, 86; Zöller/*Greger*, § 253 Rn. 13c; *Jauernig/Hess*, Zivilprozessrecht, § 39 Rn. 4; *Lüke*, Zivilprozessrecht I, § 12 Rn. 7; *Rosenberg/Schwab/Gottwald*, Zivilprozessrecht, § 96 Rn. 28; Saenger/*Saenger*, § 253 Rn. 18; *Schilken/Brinkmann*, Zivilprozessrecht, § 5 Rn. 52; Stein/Jonas/*Roth*, § 253 Rn. 31; vgl. *Brox/Walker*, Zwangsvollstreckungsrecht, § 35 Rn. 2.

[236] Siehe diesbzgl. etwa Wieczorek/Schütze/*Assmann*, § 253 Rn. 86; *Baur/Stürner/Bruns*, Zwangsvollstreckungsrecht, Rn. 39.5; *Gaul/Schilken/Becker-Eberhard*, Zwangsvollstreckungsrecht, § 70 Rn. 8; MünchKommZPO/*Gruber*, § 883 Rn. 7; *Jauernig/Berger/Kern*, Zwangsvollstreckungsrecht, § 26 Rn. 4; Wieczorek/Schütze/*Rensen*, § 883 Rn. 9.

[237] Wieczorek/Schütze/*Assmann*, § 253 Rn. 83; BeckOK ZPO/*Bacher*, § 253 Rn. 65a; MünchKommZPO/*Becker-Eberhard*, § 253 Rn. 140; Zöller/*Greger*, § 253 Rn. 13c; *Rosenberg/Schwab/Gottwald*, Zivilprozessrecht, § 96 Rn. 28; *Schilken/Brinkmann*, Zivilprozessrecht, § 5 Rn. 52; vgl. *Jauernig/Berger/Kern*, Zwangsvollstreckungsrecht, § 27 Rn. 27.

[238] Wieczorek/Schütze/*Assmann*, § 253 Rn. 109 u. 115; MünchKommZPO/*Becker-Eberhard*, § 253 Rn. 133; *Gerhardt*, in: FS 50 Jahre BGH, 463, 477; Zöller/*Greger*, § 253 Rn. 13b; *Rosenberg/Schwab/Gottwald*, Zivilprozessrecht, § 96 Rn. 28; Stein/Jonas/*Roth*, § 253 Rn. 34; *Schilken/Brinkmann*, Zivilprozessrecht, § 5 Rn. 52; Saenger/*Saenger*, § 253 Rn. 19; vgl. BeckOK ZPO/*Bacher*, § 253 Rn. 63; *Baur/Stürner/Bruns*, Zwangsvollstreckungsrecht, Rn. 40.31; *Fritzsche*, Unterlassungsanspruch und Unterlassungsklage, 563ff.; *Jauernig/Berger/Kern*, Zwangsvollstreckungsrecht, § 27 Rn. 27; *Lüke*, Zivilprozessrecht II, § 35 Rn. 7.

[239] Vgl. diesbzgl. etwa BeckOK ZPO/*Bacher*, § 253 Rn. 57; MünchKommZPO/*Becker-Eberhard*, § 253 Rn. 135; Stein/Jonas/*Roth*, § 253 Rn. 34; *Schumann*, in: FS für Karl Larenz, 571, 580f.; *Schuschke*, in: FS für Hanns Prütting, 785, 792f.

geht es neben dem Umstand, überhaupt effektiv gegen den Beklagten gerichtlich vorgehen zu können (Recht auf effektiven Rechtsschutz), auf höhergelagerter Ebene um die Abwägung, einerseits für den Kläger die Vollstreckung nicht übermäßig zu erschweren, und andererseits, die Verteidigungsmöglichkeiten des Beklagten nicht in unverhältnismäßiger Weise zu beschränken und Rechtsklarheit hinsichtlich der Entscheidungswirkungen zu erhalten.[240] In derartiger Weise wird dem Kläger üblicherweise auf dem Gebiet des gewerblichen Rechtsschutzes und des Wettbewerbsrechts entgegengekommen,[241] was im Ergebnis etwa auch mit der hohen Anfälligkeit von Immaterialgütern für Verletzungen zusammenhängen dürfte[242]. Aus materiell-rechtlichen Gründen wird dem Kläger insbesondere in den Fällen entgegengekommen, in denen das materielle Recht dem Schuldner die Wahl der Mittel überlässt. Klassischerweise wird dies bei (immissionsschutzrechtlichen) Unterlassungs- und Beseitigungsklagen (§ 1004 Abs. 1 BGB (i. V. m. § 906 BGB)), aber auch bei Mängelbeseitigungsansprüchen (§§ 439 Abs. 1, 635 Abs. 1 BGB), angenommen.[243] Grundsätzlich unzulässig sind allerdings rein gesetzeswiederholende Unterlassungsanträge; es bedarf zumindest der Angabe der Charakteristika der beanstandeten Handlung bzw. Beeinträchtigung.[244] Dies darf jedoch nicht darüber hinwegtäuschen, dass die Frage der Bezeichnungsgenauigkeit stets von den Umständen des Einzelfalls abhängig ist. Die Verwendung auslegungsbedürftiger Anträge ist daher nicht per se unzulässig, zumal der Antrag der Auslegung – auch unter Rückgriff auf die Klageschriftsätze oder das mündliche Vorbringen – zugänglich ist; selbst eine Bezugnahme auf in den Anlagen zu findender Abbildungen ist grundsätzlich möglich.[245]

---

[240] Stein/Jonas/*Roth*, § 253 Rn. 26.

[241] Stein/Jonas/*Roth*, § 253 Rn. 26; vgl. auch *Ahrens*, in: FS für Herbert Roth, 577, 578 ff. u. 586 f.; MünchKommZPO/*Becker-Eberhard*, § 253 Rn. 134; *Brox/Walker*, Zwangsvollstreckungsrecht, § 37 Rn. 7; *Fritzsche*, Unterlassungsanspruch und Unterlassungsklage, 568 f.; *Meller-Hannich*, in: FS für Eberhard Schilken, 719, 720 f.; Saenger/*Saenger*, § 253 Rn. 19; *Schubert*, ZZP 85 (1972), 29, 30.

[242] Allgemein zur besonderen Verletzungsanfälligkeit bei Rechten des geistigen Eigentums *McGuire*, in: Mindeststandards im europäischen Zivilprozessrecht, 197, 203 f.

[243] BGHZ 121, 248, 251 f.; 140, 1, 3 f.; Zöller/*Greger*, § 253 Rn. 13c; *Rosenberg/Schwab/Gottwald*, Zivilprozessrecht, § 96 Rn. 43; Saenger/*Saenger*, § 253 Rn. 18; *Schilken/Brinkmann*, Zivilprozessrecht, § 5 Rn. 52; Stein/Jonas/*Roth*, § 253 Rn. 31 u. 35; vgl. Wieczorek/Schütze/*Assmann*, § 253 Rn. 83; MünchKommZPO/*Becker-Eberhard*, § 253 Rn. 140; Musielak/Voit/*Foerste*, § 253 Rn. 32; *Fritzsche*, Unterlassungsanspruch und Unterlassungsklage, 569 f.; *Schäfer*, WM 1999, 153, 156.

[244] Zöller/*Greger*, § 253 Rn. 13b; Stein/Jonas/*Roth*, § 253 Rn. 34; Saenger/*Saenger*, § 253 Rn. 19; vgl. *Ahrens*, in: FS für Herbert Roth, 577, 586 f.; *Fritzsche*, Unterlassungsanspruch und Unterlassungsklage, 235; MünchKommZPO/*Gruber*, § 890 Rn. 29; *Schubert*, ZZP 85 (1972), 29, 33.

[245] Wieczorek/Schütze/*Assmann*, § 253 Rn. 155; Musielak/Voit/*Foerste*, § 253 Rn. 33; Zöller/*Greger*, § 253 Rn. 13b; Stein/Jonas/*Roth*, § 253 Rn. 26 f.; Saenger/*Saenger*, § 253 Rn. 19; vgl. BGH NJW-RR 2004, 639, 640.

Das materielle Recht spielt auch bei Klagen, die auf Abgabe einer Willenserklärung gerichtet sind, bei der Präzisierung der Bestimmtheitsanforderungen eine zentrale Rolle. Allgemein heißt es auch hier, der Kläger müsse den Klageantrag dergestalt präzisieren, dass einer erfolgreichen Vollstreckung nichts entgegensteht.[246] Die genauen Anforderungen lassen sich allerdings nur unter Rückgriff auf das materielle Recht ermitteln. Schließlich hat die begehrte Willenserklärung den Anforderungen des der Klage zugrunde liegenden materiellen Rechtsgeschäfts zu entsprechen.[247]

Darüber hinaus bestehen „echte" Ausnahmen vom Erfordernis ‚Bestimmtheit des Klageantrags'. Allgemein kann zwischen gesetzlich vorgesehenen Möglichkeiten und solchen Fällen unterschieden werden, die im Laufe der Zeit anerkannt wurden. Ein vom Prozessrecht dem Kläger zur Verfügung gestelltes Instrument ist etwa die Stufenklage.[248] § 254 ZPO ermöglicht es dem Kläger, eine Leistungsklage ohne nähere Angabe des bestimmten Hauptsacheantrags zu erheben. Voraussetzung ist allerdings, dass zunächst auf vorgelagerter Stufe Inhalt und Umfang der Schuld zu ermitteln sind, bevor auf der letzten Stufe die Präzisierung des Antrags erfolgt.

Eine mittlerweile anerkannte Ausnahme vom Bestimmtheitserfordernis wird bei Leistungsklagen typischerweise dann angenommen, wenn dem Kläger eine Bezifferung nicht möglich oder nicht zumutbar ist.[249] Zu denken ist dabei zunächst an Vorschriften des materiellen Rechts, bei denen die finale Bestimmung des Leistungsumfangs zwangsläufig durch das Gericht erfolgt. Zentrale Bedeutung kommt in diesem Zusammenhang § 253 Abs. 2 BGB („billige Entschädigung") zu, aber auch § 651n Abs. 2 BGB („angemessene Entschädigung") und § 15 Abs. 2 AGG („angemessene Entschädigung") spielen in dieser Konstellation einer Rolle.[250] Um einer

---

[246] Stein/Jonas/*Roth*, § 253 Rn. 32; vgl. BGHZ 190, 1, 3 ff. Rn. 6 ff.; BGH NJW 2012, 530 Rn. 7; BeckOK ZPO/*Bacher*, § 253 Rn. 66; *Brox/Walker*, Zwangsvollstreckungsrecht, § 38 Rn. 4; Wieczorek/Schütze/*Rensen*, § 894 Rn. 14; *Schilken/Brinkmann*, Zivilprozessrecht, § 5 Rn. 52.

[247] Wieczorek/Schütze/*Assmann*, § 253 Rn. 80; MünchKommZPO/*Becker-Eberhard*, § 253 Rn. 150; *Jahnke*, ZZP 93 (1980), 43, 58; vgl. BGH NJW 2012, 530 Rn. 7; *Baur/Stürner/Bruns*, Zwangsvollstreckungsrecht, Rn. 40.6 u. 41.7; Musielak/Voit/*Foerste*, § 253 Rn. 32; *Gaul/Schilken/Becker-Eberhard*, Zwangsvollstreckungsrecht, § 72 Rn. 11; *Jauernig/Berger/Kern*, Zwangsvollstreckungsrecht, § 28 Rn. 7; Saenger/*Saenger*, § 253 Rn. 18; *Sutschet*, ZZP 119 (2006), 279, 283.

[248] *Jacoby*, Zivilprozessrecht, Kap. 7 Rn. 28; *Jauernig/Hess*, Zivilprozessrecht, § 39 Rn. 6; *Lüke*, Zivilprozessrecht I, § 12 Rn. 8; *Pohlmann*, Zivilprozessrecht, § 4 Rn. 167; *Rosenberg/Schwab/Gottwald*, Zivilprozessrecht, § 96 Rn. 30 ff.; *Schilken/Brinkmann*, Zivilprozessrecht, § 5 Rn. 53 ff.

[249] Wieczorek/Schütze/*Assmann*, § 253 Rn. 98; Musielak/Voit/*Foerste*, § 253 Rn. 34; *Pohlmann*, Zivilprozessrecht, § 4 Rn. 166; Stein/Jonas/*Roth*, § 253 Rn. 37 u. 45; *Schilken/Brinkmann*, Zivilprozessrecht, § 5 Rn. 56 f.; vgl. *Jacoby*, Zivilprozessrecht, Kap. 7 Rn. 27; *Lüke*, Zivilprozessrecht I, § 12 Rn. 7; vgl. MünchKommZPO/*Becker-Eberhard*, § 253 Rn. 117.

[250] BeckOK ZPO/*Bacher*, § 253 Rn. 60 f.; Musielak/Voit/*Foerste*, § 253 Rn. 35; Zöller/*Greger*, § 253 Rn. 14a; *Jacoby*, Zivilprozessrecht, Kap. 7 Rn. 26; *Jauernig/Hess*, Zivilpro-

Verlagerung des Prozessrisikos zulasten des Beklagten entgegenzuwirken – es droht eine zumindest partielle Unterwanderung des formalen Unterliegensprinzips (§ 91 Abs. 1 ZPO) und des § 308 Abs. 1 ZPO –, wird jedoch die Angabe der tatsächlichen Grundlagen des geltend gemachten Anspruchs verlangt, um dem Gericht die Festlegung des konkreten Betrags zu ermöglichen – inwieweit die Mitteilung der vorgestellten Größenordnung erforderlich ist, wird allerdings unterschiedlich beurteilt.[251] Dem entspricht es, dass dem Kläger die Erhebung einer unbestimmten Leistungsklage versagt wird, wenn es ihm trotz typisiert anzunehmender Ungewissheit ausnahmsweise möglich ist, den Antrag zu beziffern.[252] Diese Einschränkungen gelten im Wesentlichen allerdings nicht, wenn der konkrete Betrag erst aufgrund einer gerichtlichen Ermessensentscheidung durch Urteil festgesetzt wird; eine derartige Möglichkeit wird etwa von dem bereits erwähnten § 315 Abs. 3 S. 2 BGB eröffnet.[253] Auch Auskunftsklagen fallen grundsätzlich in diese Kategorie. So ist eine exakte Bezeichnung der Information, die den Gegenstand des klägerischen Begehrens bildet, nicht erforderlich. Der Kläger hat jedoch im Rahmen des zumutbaren den Antrag zu präzisieren, etwa in dem er klarstellt, für welchen Zeitraum bzw. worüber Auskunft verlangt wird.[254]

---

zessrecht, § 39 Rn. 5; *Rosenberg/Schwab/Gottwald*, Zivilprozessrecht, § 96 Rn. 39 u. 41; *Schilken/Brinkmann*, Zivilprozessrecht, § 5 Rn. 56; vgl. MünchKommZPO/*Becker-Eberhard*, § 253 Rn. 122.

[251] Bzgl. Schmerzensgeldes gegen das Erfordernis der Angabe einer Größenordnung BGHZ 132, 341, 351 f.; 140, 335, 341; Wieczorek/Schütze/*Assmann*, § 253 Rn. 102; *Jacoby*, Zivilprozessrecht, Kap. 7 Rn. 26; *Lüke*, Zivilprozessrecht I, § 12 Rn. 7; *Rosenberg/Schwab/Gottwald*, Zivilprozessrecht, § 96 Rn. 40; *Schilken/Brinkmann*, Zivilprozessrecht, § 5 Rn. 57; strenger (noch) BGHZ 45, 91, 93; BGH NJW 2002, 3769 f.; BeckOK ZPO/*Bacher*, § 253 Rn. 62; MünchKommZPO/*Becker-Eberhard*, § 253 Rn. 120 f.; Musielak/Voit/*Foerste*, § 253 Rn. 34; Stein/Jonas/*Roth*, § 253 Rn. 47; Saenger/*Saenger*, § 253 Rn. 16.

[252] Stein/Jonas/*Roth*, § 253 Rn. 45.

[253] BGHZ 41, 271, 280; BGH NJW 1996, 1054, 1055; *Rosenberg/Schwab/Gottwald*, Zivilprozessrecht, § 96 Rn. 41 u. 44; siehe diesbzgl. auch *Baldus/Schmidt-Kessel*, NJW 2002, 2076, 2077.

[254] MünchKommZPO/*Becker-Eberhard*, § 253 Rn. 145; Stein/Jonas/*Roth*, § 253 Rn. 33.

Kapitel 7

Bestimmtheit im Vollstreckungsverfahren

Die Vollstreckbarkeit des Titels steht in zentralem Zusammenhang mit der Frage der Bestimmtheit. Den Ausgangspunkt bildet das Erfordernis, im Tenor sowohl Vollstreckungsschuldner und -gläubiger genau zu bezeichnen als auch Art und Umfang der zu vollstreckenden Leistung inhaltlich präzise anzugeben.[255] Zwar fehlt eine explizite, die Bestimmtheit des Titels als Voraussetzung der Zwangsvollstreckung anordnende Norm. Das zwangsvollstreckungsrechtliche Bestimmtheitserfordernis kann allerdings aus der im Gesetz angelegten Aufgabentrennung zwischen Erkenntnis- und Vollstreckungsverfahren abgeleitet werden.[256] Überdies findet sich in § 794 Abs. 1 Nr. 5 ZPO eine Formulierung („zu bezeichnenden Anspruchs"), die der Verallgemeinerung zugänglich ist: Für alle an der Vollstreckung Beteiligten muss das Ausmaß der Vollstreckung deutlich sein.[257]

§ 1 Zweck des Bestimmtheitsgebots

Ausgangspunkt des vollstreckungsrechtlichen Bestimmtheitsgebots bildet die gesetzgeberische Entscheidung, das Erkenntnis- vom Vollstreckungsverfahren zu trennen und Fragen des materiellen Rechts dem Erkenntnisverfahren zuzuweisen. Im Erkenntnisverfahren werden insbesondere Inhalt und Umfang des geltend gemachten materiell-rechtlichen Anspruchs geprüft. Dies wiederum erlaubt die Formalisierung der Zwangsvollstreckung.[258] Die mit der Vollstreckung befassten Or-

---

[255] BGH NJW 2000, 3218, 3219; *Brox/Walker*, Zwangsvollstreckungsrecht, § 3 Rn. 22 ff.; *Gaul/Schilken/Becker-Eberhard*, Zwangsvollstreckungsrecht, § 10 Rn. 21; MünchKommZPO/*Götz*, § 704 Rn. 8; *Jauernig/Berger/Kern*, Zwangsvollstreckungsrecht, § 2 Rn. 3 ff.; Wieczorek/Schütze/*Hess*, § 704 Rn. 7; Saenger/*Kindl*, § 704 Rn. 6; Musielak/Voit/*Lackmann*, § 704 Rn. 6; *Lippross/Bittmann*, Zwangsvollstreckungsrecht, § 5 Rn. 37; *Lüke*, Zivilprozessrecht II, § 7 Rn. 2 f.; *Nierwetberg*, Rpfleger 2009, 201 f.; *Pohlmann/Schäfers*, Zwangsvollstreckungsrecht, § 2 Rn. 108 ff.; *Schuschke*, in: FS für Hanns Prütting, 785, 788 f.; Zöller/*Seibel*, § 704 Rn. 4; BeckOK ZPO/*Ulrici*, § 704 Rn. 6; ferner *Baur/Stürner/Bruns*, Zwangsvollstreckungsrecht, Rn. 14.4; Kindl/Meller-Hannich/*Giers/Scheuch*, § 704 ZPO Rn. 21.

[256] Siehe diesbzgl. sogleich unter Kapitel 7 § 1.

[257] *R. Stürner/Münch*, JZ 1987, 178, 181; ferner *Mes*, NJW 1973, 875, 877.

[258] Zur Aufgabentrennung und dem damit einhergehenden Formalisierungsgrundsatz *Baur/Stürner/Bruns*, Zwangsvollstreckungsrecht, Rn. 6.53 ff.; *Gaul*, Rpfleger 1971, 81, 90 ff.; *Gaul/Schilken/Becker-Eberhard*, Zwangsvollstreckungsrecht, § 5 Rn. 39 ff.; *Jauernig/Berger/Kern*, Zwangsvollstreckungsrecht, § 1 Rn. 53; Musielak/Voit/*Lackmann*, vor §§ 704 ff. Rn. 14;

gane haben nur die formellen Voraussetzungen zu prüfen – neben den allgemeinen Verfahrensvoraussetzungen sind dies die allgemeinen und besonderen Vollstreckungsvoraussetzungen[259] –, von denen die Vollstreckung des titulierten Anspruchs abhängt; den im Urteil ausgesprochenen Leistungsbefehl haben sie zu vollziehen. Sie müssen also nicht mehr darüber entscheiden, ob überhaupt und wenn ja in bzw. wegen was eigentlich vollstreckt werden soll – nur bei der Vollstreckung wegen Geldforderungen in bewegliche Sachen bestimmt der Gerichtsvollzieher das Vollstreckungsobjekt. Die beschränkte Prüfungskompetenz der Vollstreckkungsorgane folgt aus dem Umstand, dass das Vollstreckungsrecht im Grundsatz nicht an die materielle Rechtslage, sondern nur an formelle Voraussetzungen anknüpft.[260] Überdies droht andernfalls das Anliegen einer raschen und effektiven Vollstreckung vereitelt zu werden; nach einem mitunter langen Erkenntnisverfahren gilt es als Ausfluss des Rechts auf effektiven Rechtsschutz, schnellstmöglich eine Vollstreckung zu gewährleisten.[261] Eine Prüfung materiell-rechtlicher Fragen im Vollstreckungsverfahren würde das Erkenntnisverfahren entwerten und liefe im Ausgangspunkt auf eine (ineffiziente) Verfahrenswiederholung bzw. -verdopplung hinaus.[262]

Vor diesem Hintergrund ist ein bestimmter Titel deshalb erforderlich, weil sonst Entscheidungen des Erkenntnisverfahrens in das Vollstreckungsverfahren verlagert würden;[263] auf nachgelagerter Ebene soll Unklarheiten bzw. Auslegungsstreitig-

---

Lippross/Bittmann, Zwangsvollstreckungsrecht, Einleitung Rn. 13; *Lüke*, Zivilprozessrecht II, § 1 Rn. 6; Wieczorek/Schütze/*C. Paulus*, vor § 704 Rn. 35 ff.; Saenger/*Saenger*, Einführung Rn. 83 f.; Zöller/*Seibel*, vor §§ 704 ff. Rn. 14 u. 22; *Stamm*, Die Prinzipien und Grundstrukturen des Zwangsvollstreckungsrechts, 45 ff.; *R. Stürner*, ZZP 99 (1986), 291, 315 ff.; *ders./Münch*, JZ 1987, 178, 182 f.; *Sutschet*, ZZP 119 (2006), 279, 299.

[259] Zu den allgemeinen u. besonderen Vollstreckungsvoraussetzungen *Brox/Walker*, Zwangsvollstreckungsrecht, § 3 ff.; *Gaul/Schilken/Becker-Eberhard*, Zwangsvollstreckungsrecht, § 22 Rn. 1 ff.; *Jauernig/Berger/Kern*, Zwangsvollstreckungsrecht, § 2 ff.; *Lippross/Bittmann*, Zwangsvollstreckungsrecht, § 5 f.; Wieczorek/Schütze/*C. Paulus*, vor § 704 Rn. 59 ff.; *Pohlmann/Schäfers*, Zwangsvollstreckungsrecht, § 2 Rn. 77 ff.; *Stamm*, Die Prinzipien und Grundstrukturen des Zwangsvollstreckungsrechts, 211 ff.

[260] *Brehm*, JZ 1990, 394, 395; *Gaul/Schilken/Becker-Eberhard*, Zwangsvollstreckungsrecht, § 5 Rn. 42; *Jauernig/Berger/Kern*, Zwangsvollstreckungsrecht, § 1 Rn. 53; *Lüke*, Zivilprozessrecht II, § 1 Rn. 6; Saenger/*Saenger*, Einführung Rn. 83; vgl. BGHZ 109, 275, 277; *Gaul*, Rpfleger 1971, 81, 90; *Lippross/Bittmann*, Zwangsvollstreckungsrecht, Einleitung Rn. 13.

[261] Vgl. *Baur/Stürner/Bruns*, Zwangsvollstreckungsrecht, Rn. 6.36 u. 7.23; *Gaul*, Rpfleger 1971, 81, 90 f.; *Gaul/Schilken/Becker-Eberhard*, Zwangsvollstreckungsrecht, § 5 Rn. 17, 39 u. 79; *Jauernig/Berger/Kern*, Zwangsvollstreckungsrecht, § 1 Rn. 46; *Nierwetberg*, Rpfleger 2009, 201, 202; Wieczorek/Schütze/*C. Paulus*, vor § 704 Rn. 44 f.; Saenger/*Saenger*, Einführung Rn. 77 u. 83; *Stamm*, Die Prinzipien und Grundstrukturen des Zwangsvollstreckungsrechts, 16 f. u. 108 f.; *R. Stürner*, ZZP 99 (1986), 291, 317 f.

[262] Vgl. *Gaul*, Rpfleger 1971, 81, 90 f.; *Jauernig/Berger/Kern*, Zwangsvollstreckungsrecht, § 1 Rn. 46 u. 53; *Lüke*, Zivilprozessrecht II, § 1 Rn. 6.

[263] Siehe zum Zusammenhang zwischen Bestimmtheits- und Formalisierungsgrundsatz auch *Gaul/Schilken/Becker-Eberhard*, Zwangsvollstreckungsrecht, § 10 Rn. 21; Münch-

keiten vorgebeugt werden[264]. Der Titel muss das Vollstreckungsorgan in die Lage versetzen, allein auf der Grundlage des Titels die Vollstreckung durchzuführen. Dies wäre bei mangelnder Bestimmtheit des Titels nicht der Fall; es wäre dann zunächst in einem vorgelagerten Schritt zu präzisieren, bspw. in welchen Gegenstand vollstreckt oder welche konkrete Handlung vom Schuldner erzwungen werden soll.[265] Das „eigentliche" Vollstreckungsverfahren – der Zugriff auf das schuldnerische Vermögen bzw. die Durchführung der Vollstreckung, nicht etwaiger Rechtsschutz[266] – ist für die Klärung solcher Fragen nicht ausgelegt; in der Regel wäre eine Beweisaufnahme zur Klärung dieser materiell-rechtlichen Fragen erforderlich, für die das „eigentliche" Vollstreckungsverfahren keinen geeigneten Rahmen zur Verfügung stellt.[267] In diesem Zusammenhang ist mitunter auch von einer Überforderung der Vollstreckungsorgane die Rede, obgleich dieser Passus (wohl) in erster Linie auf den Gerichtsvollzieher abzielt.[268] Der Zweck des vollstreckungsrechtlichen Bestimmtheitsgebots steht demnach in engem Zusammenhang mit dem Formalisierungsgrundsatz: Die Aufgabentrennung in Erkenntnis- und Vollstreckungsverfahren und die damit einhergehende Gewährleistung einer schnellen und effektiven Zwangsvollstreckung.

Analog zu dem Erfordernis ‚Bestimmtheit des Klageantrags' ist auch dem vollstreckungsrechtlichen Bestimmtheitsgebot eine subjektive Schutzrichtung immanent. Eine genaue Bezeichnung der Parteien und der zu vollstreckenden Leistung im Titel ist deshalb erforderlich, damit der Schuldner genau weiß, was er tun bzw. zu unterlassen hat.[269]

Der Zweck des vollstreckungsrechtlichen Bestimmtheitsgebots hängt ferner mit der Frage zusammen, auf welche Umstände das Vollstreckungsorgan bei der Aus-

---

KommZPO/*Götz*, § 704 Rn. 8; *Jauernig/Berger/Kern*, Zwangsvollstreckungsrecht, § 1 Rn. 55; *Nierwetberg*, Rpfleger 2009, 201, 202 u. 204.

264 *R. Stürner/Münch*, JZ 1987, 178, 182.

265 Vgl. *Gaul/Schilken/Becker-Eberhard*, Zwangsvollstreckungsrecht, § 10 Rn. 21 u. 37; *Jauernig/Berger/Kern*, Zwangsvollstreckungsrecht, § 1 Rn. 55.

266 Siehe zu dieser Unterteilung auch *Gaul*, Rpfleger 1971, 81, 84 ff.; *Gaul/Schilken/Becker-Eberhard*, Zwangsvollstreckungsrecht, § 5 Rn. 15 ff.; ferner *Jauernig/Berger/Kern*, Zwangsvollstreckungsrecht, § 1 Rn. 38; *R. Stürner*, ZZP 99 (1986), 291, 294.

267 BGHZ 109, 275, 280; *Gaul*, Rpfleger 1971, 81, 90; *Gaul/Schilken/Becker-Eberhard*, Zwangsvollstreckungsrecht, § 5 Rn. 18; Wieczorek/Schütze/*Hess*, § 704 Rn. 7; siehe aber auch *Brehm*, JZ 1990, 394, 396. Auf die Besonderheiten der Vollstreckung durch das Prozessgericht nach den §§ 887 f., 890 ZPO hinweisend *Schilken*, in: FS für Hans Friedhelm Gaul, 667, 668.

268 *Nierwetberg*, Rpfleger 2009, 201, 204; *Sutschet*, ZZP 119 (2006), 279, 290 f.; ferner *Gaul*, Rpfleger 1971, 81, 91.

269 *Gaul/Schilken/Becker-Eberhard*, Zwangsvollstreckungsrecht, § 10 Rn. 21; *Jauernig/Berger/Kern*, Zwangsvollstreckungsrecht, § 1 Rn. 55; *Meller-Hannich*, in: FS für Eberhard Schilken, 719; *Nierwetberg*, Rpfleger 2009, 201, 202; *Pohlmann/Schäfers*, Zwangsvollstreckungsrecht, § 2 Rn. 108; ferner Wieczorek/Schütze/*Hess*, § 704 Rn. 7; *Mes*, NJW 1973, 875, 877; *Schuschke*, in: FS für Hanns Prütting, 785, 793.

legung des Titels zurückzugreifen hat. Dabei ist zunächst klarzustellen, dass das Vollstreckungsorgan nicht nur zur Auslegung des Titels berechtigt, sondern auch dazu verpflichtet ist.[270] Diese sich auf den ersten Blick in Widerspruch zum Formalisierungsgrundsatz setzende Pflicht – die Auslegung des Titels kann materiellrechtliche Fragen aufwerfen – wird insoweit abgeschwächt, als das Vollstreckungsorgan im Rahmen der Auslegung bei einem (End-)Urteil nur den Tenor, den Tatbestand und die Entscheidungsgründe berücksichtigen darf[271]. Auf außerhalb des Titels liegende Umstände darf grundsätzlich nicht zurückgegriffen werden; das Vollstreckungsorgan soll sich grundsätzlich allein auf die Angaben im Titel verlassen können.[272] Eine Ausnahme wird nur hinsichtlich allgemein zugänglicher Daten gemacht – worunter allerdings auch das Grundbuch gezählt wird[273] –, die zudem leicht und sicher feststellbar seien müssen.[274] Ein Rückgriff auf außerhalb des Titels liegende Umstände dürfte daher im Wesentlichen nur bei offenkundigen Informationen in Betracht kommen. Überdies darf die Auslegung nicht dazu führen, dass der

---

[270] BGHZ 109, 275, 279; BGH NJW 2013, 2287 Rn. 16; NJW-RR 2013, 511 Rn. 12; *Baur/Stürner/Bruns*, Zwangsvollstreckungsrecht, Rn. 13.3; *Gaul/Schilken/Becker-Eberhard*, Zwangsvollstreckungsrecht, § 10 Rn. 43; Kindl/Meller-Hannich/*Giers/Scheuch*, § 704 ZPO Rn. 22; MünchKommZPO/*Götz*, § 704 Rn. 8; Wieczorek/Schütze/*Hess*, § 704 Rn. 8; Saenger/*Kindl*, § 704 Rn. 7; Musielak/Voit/*Lackmann*, § 704 Rn. 6; *Jauernig/Berger/Kern*, Zwangsvollstreckungsrecht, § 1 Rn. 55; *Lüke*, Zivilprozessrecht II, § 7 Rn. 4; *Nierwetberg*, Rpfleger 2009, 201; Zöller/*Seibel*, § 704 Rn. 5; *R. Stürner/Münch*, JZ 1987, 178, 181 u. 185; *Sutschet*, ZZP 119 (2006), 279, 299 f.; BeckOK ZPO/*Ulrici*, § 704 Rn. 11.

[271] BGH NJW 2010, 2137 f. Rn. 11; 2013, 160 Rn. 13; *Baur/Stürner/Bruns*, Zwangsvollstreckungsrecht, Rn. 13.3; *Brox/Walker*, Zwangsvollstreckungsrecht, § 3 Rn. 22 u. 25; *Gaul/Schilken/Becker-Eberhard*, Zwangsvollstreckungsrecht, § 10 Rn. 26 u. 43; Kindl/Meller-Hannich/*Giers/Scheuch*, § 704 ZPO Rn. 22; MünchKommZPO/*Götz*, § 704 Rn. 8; Musielak/Voit/*Lackmann*, § 704 Rn. 6; *Jauernig/Berger/Kern*, Zwangsvollstreckungsrecht, § 1 Rn. 55 f.; Wieczorek/Schütze/*Hess*, § 704 Rn. 8; Saenger/*Kindl*, § 704 Rn. 6 f.; *Lippross/Bittmann*, Zwangsvollstreckungsrecht, § 5 Rn. 37; *Lüke*, Zivilprozessrecht II, § 7 Rn. 4; *Nierwetberg*, Rpfleger 2009, 201, 202; *Pohlmann/Schäfers*, Zwangsvollstreckungsrecht, § 2 Rn. 122; *Schuschke*, in: FS für Hanns Prütting, 785, 787 f.; Zöller/*Seibel*, § 704 Rn. 5; BeckOK ZPO/*Ulrici*, § 704 Rn. 11; ferner *U. Becker*, in: FS für Hans-Joachim Musielak, 51, 64 u. 74; anders (wohl) BAG NZA 2007, 647.

[272] Auf die „Sonderkonstellation der Vollstreckung durch das Prozessgericht" nach den §§ 887 f., 890 ZPO hinweisend, die eine Berücksichtigung titelexterner Umstände rechtfertigen könnte, BGH NJW 2021, 160 Rn. 13; Kindl/Meller-Hannich/*Giers/Scheuch*, § 704 ZPO Rn. 22; Saenger/*Kindl*, § 704 Rn. 7; Musielak/Voit/*Lackmann*, § 704 Rn. 6; *Nierwetberg*, Rpfleger 2009, 201, 204 f.; ferner *Meller-Hannich*, in: FS für Eberhard Schilken, 719, 732 f.; demgegenüber tendenziell kritisch BeckOK ZPO/*Ulrici*, § 704 Rn. 11.

[273] In Zusammenhang mit der Herausgabevollstreckung von Grundstücken nach § 885 Abs. 1 ZPO MünchKommZPO/*Gruber*, § 885 Rn. 4; ferner *Gaul/Schilken/Becker-Eberhard*, Zwangsvollstreckungsrecht, § 10 Rn. 38.

[274] BGH NJW-RR 2005, 366; *Brox/Walker*, Zwangsvollstreckungsrecht, § 3 Rn. 26; *Gaul/Schilken/Becker-Eberhard*, Zwangsvollstreckungsrecht, § 10 Rn. 26 u. 37 f.; Wieczorek/Schütze/*Hess*, § 704 Rn. 8; *Lippross/Bittmann*, Zwangsvollstreckungsrecht, § 5 Rn. 38; *Lüke*, Zivilprozessrecht II, § 7 Rn. 4; *Mes*, NJW 1973, 875, 878; *Nierwetberg*, Rpfleger 2009, 201, 202; *Pohlmann/Schäfers*, Zwangsvollstreckungsrecht, § 2 Rn. 122; *R. Stürner/Münch*, JZ 1987, 178, 182 f.; ferner Saenger/*Kindl*, § 704 Rn. 8.

Titel in der Sache inhaltlich geändert oder faktisch durch einen anderen ersetzt wird – dies trifft etwa auch dann zu, wenn dem Titel durch Auslegung nicht entnommen werden kann, was vollstreckt werden soll.[275] Die Abänderung des im Urteil ausgesprochenen Leistungsbefehls ist Aufgabe des Erkenntnisverfahrens.

§ 2 Bestimmtheit des Titels

Die Frage, welches Maß an Bestimmtheit an den Titel bzw. Tenor zu stellen ist, hängt eng mit der Bezeichnungsgenauigkeit des in der Klageschrift anzugebenden Antrags zusammen[276]. Dem entspricht es, dass dem Erfordernis ‚bestimmter Antrag' auch der Zweck zugesprochen wird, unmittelbar die Vollstreckung zu ermöglichen.[277] Daher überrascht es nicht, dass sich die Anforderungen, die an den Antrag gestellt werden, im Wesentlichen mit denen decken, die für die Vollstreckungsfähigkeit des Titels gelten.[278] In dieser Hinsicht besteht allerdings ein bedeutender Unterschied: In Konstellationen, in denen ein unbestimmter Antrag ausnahmsweise zulässig ist und auch eine Konkretisierung durch das Erkenntnisgericht nicht erfolgen kann, ist der Titel zwingend im Vollstreckungsverfahren zu präzisieren. Die grundsätzlich bestehende klare Trennung zwischen Erkenntnis- und Vollstreckungsverfahren wird in solchen Konstellationen nicht aufrechterhalten. Vor diesem Hintergrund stellt sich auch allgemein die Frage, ob die fehlende Bestimmtheit im Vollstreckungsverfahren nachgeholt bzw. präzisiert werden kann.

Wenig Probleme bestehen bei Leistungsurteilen, die den Schuldner zur Zahlung einer nicht bestimmten Geldsumme verurteilen und bei denen eine Auslegung keine Abhilfe verspricht. In diesen Konstellationen scheidet eine Vollstreckung unstreitig aus.[279] Gleiches trifft auf die Herausgabevollstreckung beweglicher und unbeweglicher Sachen zu. Ist es dem Gerichtsvollzieher nicht möglich, die Sache unter Zuhilfenahme des Titels sowie allgemein und leicht zugänglicher Daten zu identifizieren, kann er den Vollstreckungsauftrag nicht ausführen; die Zwangsvollstreckung scheitert.[280] Im Ergebnis ist dies auch bei Titeln der Fall, die den Schuldner zur Abgabe einer Willenserklärung verurteilen. Zwar vollzieht sich in solchen Fällen die

---

[275] BGHZ 109, 275, 280 f.; Wieczorek/Schütze/*Hess*, § 704 Rn. 9; *Schuschke*, in: FS für Hanns Prütting, 785, 788; *R. Stürner/Münch*, JZ 1987, 178, 186.

[276] Zur Bestimmtheit des Antrags in der Klageschrift siehe Kapitel 6 § 3.

[277] Siehe diesbzgl. die Nachweise in Fn. 228.

[278] Zum Typenzwang im Vollstreckungsrecht *Baur/Stürner/Bruns*, Zwangsvollstreckungsrecht, Rn. 6.64 ff.; *Gaul*, Rpfleger 1971, 1, 9; *Gaul/Schilken/Becker-Eberhard*, Zwangsvollstreckungsrecht, § 5 Rn. 47 ff.

[279] *Sutschet*, ZZP 119 (2006), 279, 282; vgl. MünchKommZPO/*Götz*, § 704 Rn. 9; *Lippross/Bittmann*, Zwangsvollstreckungsrecht, § 5 Rn. 40.

[280] *Sutschet*, ZZP 119 (2006), 279, 289; vgl. Kindl/Meller-Hannich/*Bendtsen*, § 883 ZPO Rn. 5 u. 7; MünchKommZPO/*Götz*, § 704 Rn. 11; *Lippross/Bittmann*, Zwangsvollstreckungsrecht, § 5 Rn. 40; Wieczorek/Schütze/*Rensen*, § 883 Rn. 11.

Vollstreckung dergestalt, dass die Willenserklärung mit Rechtskraft des Urteils als abgegeben fingiert wird (§ 894 S. 1 ZPO); einer Vollstreckungshandlung bedarf es insoweit nicht. Es kommt allerdings wie bei unbestimmten Zahlungs- und Herausgabeurteilen zum Erlass eines nicht vollstreckbaren Titels, dem höchstens noch auf Sekundärebene (§§ 280 ff. BGB) Bedeutung zukommen kann – so wird mitunter darauf abgestellt, dass das Urteil Rechtskraftwirkung für Sekundäransprüche entfalten könne[281]. In diesen drei Fallgruppen besteht Einigkeit, dass analog zu einem unbestimmten Feststellungsurteil ein neues Erkenntnisverfahren erforderlich ist, sollte auch eine Auslegung des Titels zu keinem anderen Ergebnis führen.[282]

Anders sieht es hingegen bei Duldungs- bzw. Unterlassungstiteln aus.[283] Für die Sanktionierung potentieller Zuwiderhandlungen nach § 890 Abs. 1 ZPO ist es nicht erforderlich, diese im Titel umfassend anzugeben. Vielmehr ist jede Zuwiderhandlung, die im Kern die gleiche Rechts(gut)verletzung zum Gegenstand hat (Kerntheorie), vom Titel umfasst; insoweit hindert eine gewisse Unbestimmtheit des Titels nicht die Vollstreckung.[284] Im Ergebnis hat die Kerntheorie zur Folge, dass bestimmte materiell-rechtliche Elemente – etwa die Entscheidung über den Umfang des untersagten Verhaltens – in das Vollstreckungsverfahren verlagert werden; nur die Charakteristika der Zuwiderhandlung sind zwingend im Erkenntnisverfahren fest-

[281] Darauf hinweisend *Sutschet*, ZZP 119 (2006), 279, 290.

[282] Wieczorek/Schütze/*Hess*, § 704 Rn. 10; *Sutschet*, ZZP 119 (2006), 279, 283; BeckOK ZPO/*Ulrici*, § 704 Rn. 12; ferner BGHZ 36, 11, 13 f.; 190, 1, 4 ff. Rn. 9 ff.; *Baur/Stürner/Bruns*, Zwangsvollstreckungsrecht, Rn. 13.3; *Brox/Walker*, Zwangsvollstreckungsrecht, § 3 Rn. 30; *Gaul/Schilken/Becker-Eberhard*, Zwangsvollstreckungsrecht, § 72 Rn. 11; Kindl/Meller-Hannich/*Giers/Scheuch*, § 704 ZPO Rn. 22; MünchKommZPO/*Götz*, § 704 Rn. 8; Saenger/*Kindl*, § 704 Rn. 7; *Pohlmann/Schäfers*, Zwangsvollstreckungsrecht, § 2 Rn. 128.

[283] Zur Abgrenzung der Unterlassungs- von der Handlungsvollstreckung etwa *Ahrens*, in: FS für Herbert Roth, 577 ff.; Stein/Jonas/*Bartels*, § 890 Rn. 5 ff.; *Brox/Walker*, Zwangsvollstreckungsrecht, § 37 Rn. 4; *Gaul/Schilken/Becker-Eberhard*, Zwangsvollstreckungsrecht, § 73 Rn. 6; *Gerhardt*, in: FS 50 Jahre BGH, 463, 475 ff.; MünchKommZPO/*Gruber*, § 890 Rn. 5 ff.; *Jauernig/Berger/Kern*, Zwangsvollstreckungsrecht, § 27 Rn. 25; Saenger/*Kießling*, § 890 Rn. 6 f.; *Lippross/Bittmann*, Zwangsvollstreckungsrecht, § 43 Rn. 24; Wieczorek/Schütze/*Rensen*, § 890 Rn. 4; BeckOK ZPO/*M. Stürner*, § 890 Rn. 7 ff.

[284] Zur Kerntheorie etwa RGZ 147, 27, 31 f.; BGHZ 5, 189, 193 f.; BGH GRUR 2013, 1071, 1072 Rn. 14; *Althammer*, Streitgegenstand und Interesse, 604 ff.; Stein/Jonas/*Bartels*, § 890 Rn. 34; *Baur/Stürner/Bruns*, Zwangsvollstreckungsrecht, Rn. 40.31; MünchKommZPO/*Becker-Eberhard*, § 253 Rn. 133 ff.; Kindl/Meller-Hannich/*Bendtsen*, § 890 ZPO Rn. 47; *Brox/Walker*, Zwangsvollstreckungsrecht, § 37 Rn. 15; *Fritzsche*, Unterlassungsanspruch und Unterlassungsklage, 223 ff.; *Gaul/Schilken/Becker-Eberhard*, Zwangsvollstreckungsrecht, § 73 Rn. 5; *Gerhardt*, in: FS 50 Jahre BGH, 463, 477 f.; MünchKommZPO/*Gruber*, § 890 Rn. 10 ff.; *Jauernig/Berger/Kern*, Zwangsvollstreckungsrecht, § 27 Rn. 27; Saenger/*Kießling*, § 890 Rn. 9; *Lindacher*, in: FS für Helmut Rüßmann, 567 ff.; *Lippross/Bittmann*, Zwangsvollstreckungsrecht, § 43 Rn. 30; *Lobach*, Inhalt und Grenzen des Erfüllungsanspruchs, 252; *Meller-Hannich*, in: FS für Eberhard Schilken, 719, 727 ff.; *Pohlmann/Schäfers*, Zwangsvollstreckungsrecht, § 3 Rn. 483; Wieczorek/Schütze/*Rensen*, § 890 Rn. 8; *Rosenberg/Schwab/Gottwald*, Zivilprozessrecht, § 90 Rn. 7; Stein/Jonas/*Roth*, § 253 Rn. 34; *Schubert*, ZZP 85 (1972), 29, 31 ff.; *Schuschke*, in: FS für Hanns Prütting, 785; Zöller/*Seibel*, § 890 Rn. 4; BeckOK ZPO/*M. Stürner*, § 890 Rn. 13 ff.; *Sutschet*, ZZP 119 (2006), 279, 284 f.

zustellen.[285] Gerechtfertigt wird die damit einhergehende Durchbrechung des Formalisierungsgrundsatzes mit verfahrensökonomischen Gesichtspunkten und dem Recht des Geschädigten auf effektiven Rechtsschutz: Andernfalls könnte der Schuldner den Duldungs- bzw. Untersagungsbefehl des Titels einfach durch geringfügige Änderung seiner Verhaltensweise unterlaufen.[286]

Ähnlichkeiten lassen sich zudem bei der Vollstreckung vertretbarer und unvertretbarer Handlungen ausmachen. Gemeinsamer Ausgangspunkt ist auch hier die an den Titel gestellte Anforderung, die geschuldete Handlung so präzise zu bezeichnen, dass sie vom Prozessgericht bestimmt werden kann – sonst scheidet eine gerichtliche Überprüfung der vom Dritten bzw. vom Schuldner vorzunehmenden Handlung aus. Die vertretbare Handlung als solche wird nicht vollstreckt, stattdessen erfolgt die Vornahme der Handlung durch einen Dritten, § 887 Abs. 1 ZPO. Der für die Durchführung der Ersatzvornahme erforderliche Antrag muss allerdings die vom Dritten durchzuführende Handlung genau bezeichnen; die bloße Angabe des Handlungserfolgs nach Maßgabe des Urteilstenors wird grundsätzlich nicht als ausreichend erachtet.[287] Hintergrund ist, dass das Prozessgericht in die Lage versetzt werden muss, sowohl die Erfüllungstauglichkeit der Ersatzvornahme als auch die Frage zu prüfen, ob die vom Dritten zu erbringende Tätigkeit vom Urteilstitel umfasst ist.[288] Die Vollstreckung unvertretbarer Handlungen erfolgt durch Einwirkung auf den Schuldner in Gestalt der von § 888 Abs. 1 ZPO vorgesehenen Zwangsmittel. Das weitere Verfahren weist starke Parallelen zur Vollstreckung vertretbarer

---

[285] Vgl. BGH GRUR 2013, 1071, 1072 Rn. 18; Stein/Jonas/*Bartels*, § 890 Rn. 34; MünchKommZPO/*Becker-Eberhard*, § 253 Rn. 133; *Fritzsche*, Unterlassungsanspruch und Unterlassungsklage, 227 ff.; *Gaul/Schilken/Becker-Eberhard*, Zwangsvollstreckungsrecht, § 73 Rn. 5; MünchKommZPO/*Gruber*, § 890 Rn. 10; *Jauernig/Berger/Kern*, Zwangsvollstreckungsrecht, § 27 Rn. 27; Saenger/*Kießling*, § 890 Rn. 9; *Lippross/Bittmann*, Zwangsvollstreckungsrecht, § 43 Rn. 31; Stein/Jonas/*Roth*, § 253 Rn. 34; *Schubert*, ZZP 85 (1972), 29, 37 ff.; *Schuschke*, in: FS für Hanns Prütting, 785, 789 u. 792 f.; BeckOK ZPO/*M. Stürner*, § 890 Rn. 13.

[286] *Althammer*, Streitgegenstand und Interesse, 605; *Baur/Stürner/Bruns*, Zwangsvollstreckungsrecht, Rn. 40.31; MünchKommZPO/*Becker-Eberhard*, § 253 Rn. 133; *Brox/Walker*, Zwangsvollstreckungsrecht, § 37 Rn. 15; *Gaul/Schilken/Becker-Eberhard*, Zwangsvollstreckungsrecht, § 73 Rn. 5; MünchKommZPO/*Gruber*, § 890 Rn. 10; *Jauernig/Berger/Kern*, Zwangsvollstreckungsrecht, § 27 Rn. 27; *Lüke*, Zivilprozessrecht II, § 35 Rn. 9; *Meller-Hannich*, in: FS für Eberhard Schilken, 719, 727 u. 729; *Pohlmann/Schäfers*, Zwangsvollstreckungsrecht, § 3 Rn. 483; *Schubert*, ZZP 85 (1972), 29, 30 f.; *Schuschke*, in: FS für Hanns Prütting, 785, 792.

[287] Dazu Stein/Jonas/*Bartels*, § 887 Rn. 37 f.; *Baur/Stürner/Bruns*, Zwangsvollstreckungsrecht, Rn. 40.15; Kindl/Meller-Hannich/*Bendtsen*, § 887 ZPO Rn. 27 f.; *Brox/Walker*, Zwangsvollstreckungsrecht, § 36 Rn. 19; *Gaul/Schilken/Becker-Eberhard*, Zwangsvollstreckungsrecht, § 10 Rn. 23 u. § 71 Rn. 36; *Gerhardt*, in: FS 50 Jahre BGH, 463, 466 ff.; MünchKommZPO/*Gruber*, § 887 Rn. 24; Saenger/*Kießling*, § 887 Rn. 7; Musielak/Voit/*Lackmann*, § 887 Rn. 7; *Lippross/Bittmann*, Zwangsvollstreckungsrecht, § 43 Rn. 5; Wieczorek/Schütze/*Rensen*, § 887 Rn. 47; Zöller/*Seibel*, § 887 Rn. 4; vgl. auch *Jauernig/Berger/Kern*, Zwangsvollstreckungsrecht, § 27 Rn. 8.

[288] *Sutschet*, ZZP 119 (2006), 279, 286 f.

Handlungen auf. So muss der nach § 888 Abs. 1 ZPO erforderliche Antrag es dem Prozessgericht ermöglichen zu bestimmen, ob die Handlung des Schuldners dem im Titel ausgesprochenen Leistungsbefehl entspricht; die Beurteilung der Frage, ob der Schuldner seiner Pflicht nachgekommen ist, obliegt dem Prozessgericht – dies trifft auch auf die Frage zu, ob der Einwand der Unmöglichkeit im Verfahren nach § 888 ZPO zu berücksichtigen ist.[289] Sowohl die Vollstreckung vertretbarer Handlungen als auch die Vollstreckung unvertretbarer Handlungen zeichnen sich durch die Gemeinsamkeit aus, dass gewisse materiell-rechtliche Fragen in das Vollstreckungsverfahren verlagert werden.[290] Die hier in Rede stehenden Durchbrechungen des Formalisierungsgrundsatzes dürften allerdings in erster Linie Zweckmäßigkeitsgesichtspunkten geschuldet sein:[291] So ist die im Rahmen der Ersatzvornahme von einem Dritten vorgenommene Tätigkeit nicht im Titel vorgesehen; eine Thematisierung im Erkenntnisverfahren kommt daher schon gar nicht in Betracht. Gleiches trifft bei unvertretbaren Handlungen auf die Frage zu, ob der Schuldner seiner Pflicht nachgekommen ist. Aber auch Gesichtspunkte des Rechts auf effektiven Rechtsschutz können als Rechtfertigung herangezogen werden: Der Titelgläubiger soll nicht nochmals ein (langwieriges) Erkenntnisverfahren durchlaufen müssen.[292]

---

[289] Zu diesen Fragen BGH NJW-RR 2013, 1336 f. Rn. 8 ff.; Stein/Jonas/*Bartels*, § 888 Rn. 30 ff.; Kindl/Meller-Hannich/*Bendtsen*, § 888 ZPO Rn. 22 u. 24 f.; *Brox/Walker*, Zwangsvollstreckungsrecht, § 36 Rn. 48; *Gerhardt*, in: FS 50 Jahre BGH, 463, 471 ff.; *Gaul/Schilken/Becker-Eberhard*, Zwangsvollstreckungsrecht, § 71 Rn. 34; MünchKommZPO/*Gruber*, § 888 Rn. 11 ff.; *Jauernig/Berger/Kern*, Zwangsvollstreckungsrecht, § 27 Rn. 16 u. 22; Saenger/*Kießling*, § 887 Rn. 11 u. 14; *Lüke*, Zivilprozessrecht II, § 35 Rn. 5; *Pohlmann/Schäfers*, Zwangsvollstreckungsrecht, § 3 Rn. 478; Wieczorek/Schütze/*Rensen*, § 888 Rn. 3 u. 10 ff.; Zöller/*Seibel*, § 888 Rn. 11; *Schilken*, in: FS für Hans Friedhelm Gaul, 667, 677 f.; BeckOK ZPO/*M. Stürner*, § 888 Rn. 18 ff.; a. A. *Baur/Stürner/Bruns*, Zwangsvollstreckungsrecht, Rn. 40.28.

[290] Im Rahmen des § 887 ZPO entspricht es zudem der herrschenden Auffassung, dass der Erfüllungseinwand des Schuldners bereits in diesem Verfahren zu prüfen ist; einer Vollstreckungsabwehrklage bedürfe es daher nicht. Dazu BGHZ 161, 67, 71 ff.; Stein/Jonas/*Bartels*, § 887 Rn. 25 ff.; Kindl/Meller-Hannich/*Bendtsen*, § 887 ZPO Rn. 38; *Brox/Walker*, Zwangsvollstreckungsrecht, § 36 Rn. 21 ff.; *Gerhardt*, in: FS 50 Jahre BGH, 463, 469 ff.; *Gaul/Schilken/Becker-Eberhard*, Zwangsvollstreckungsrecht, § 71 Rn. 34; *Jauernig/Berger/Kern*, Zwangsvollstreckungsrecht, § 27 Rn. 9; Saenger/*Kießling*, § 887 Rn. 14; *Lippross/Bittmann*, Zwangsvollstreckungsrecht, § 43 Rn. 9; *Lüke*, Zivilprozessrecht II, § 35 Rn. 2; *Pohlmann/Schäfers*, Zwangsvollstreckungsrecht, § 3 Rn. 478; Wieczorek/Schütze/*Rensen*, § 887 Rn. 15; *Schilken*, in: FS für Hans Friedhelm Gaul, 667, 672 ff.; Zöller/*Seibel*, § 887 Rn. 7; BeckOK ZPO/*M. Stürner*, § 887 Rn. 22; *Thole*, JURA 2010, 605, 610 f.; a. A. *Baur/Stürner/Bruns*, Zwangsvollstreckungsrecht, Rn. 40.15; MünchKommZPO/*Gruber*, § 887 Rn. 17; hinsichtlich des Einwands der Unzumutbarkeit oder der Unmöglichkeit BGH NJW-RR 2006, 202, 203; Stein/Jonas/*Bartels*, § 887 Rn. 23 f.; Kindl/Meller-Hannich/*Bendtsen*, § 887 ZPO Rn. 40; MünchKommZPO/*Gruber*, § 887 Rn. 21 f.; Wieczorek/Schütze/*Rensen*, § 887 Rn. 16; BeckOK ZPO/*M. Stürner*, § 887 Rn. 21.

[291] Vgl. diesbzgl. *Hahn*, Die gesamten Materialien zu den Reichs-Justizgesetzen, 467 f.; *Meller-Hannich*, in: FS für Eberhard Schilken, 719, 727; *Sutschet*, ZZP 119 (2006), 279, 287 u. 289.

[292] Vgl. *Gerhardt*, in: FS 50 Jahre BGH, 463, 466 f.

§ 3 Synthese: Bestimmtheit im Erkenntnis- und Vollstreckungsverfahren

Schon jetzt ist deutlich geworden, dass das Prozessrecht im Grundsatz strengere Anforderungen an die Bestimmtheit stellt, als dies im materiellen Recht der Fall ist.[293] Sichtbar wird dies vor allem bei der Frage, auf welche Umstände bei der Auslegung der Klageschrift bzw. des Titels zurückgegriffen werden kann: Die Heranziehung von über die Klageschrift bzw. den Titel hinausgehender Erkenntnisquellen ist ausgeschlossen – es sei denn, es handelt sich um offenkundige Umstände.

Zur Rechtfertigung strengerer Anforderungen an die Bestimmtheit im Prozessrecht lassen sich in erster Linie prozessökonomische Gründe anführen. Insbesondere das Erfordernis des bestimmten Antrags – und die damit in Zusammenhang stehenden Anforderungen an die Bestimmtheit des Titels – erfüllt eine vorbeugende Funktion: Eine ungerechtfertigte bzw. unnötige Inanspruchnahme von Justizressourcen soll verhindert werden, indem die Vollstreckbarkeit des Titels bereits im Erkenntnisverfahren sichergestellt wird.[294] Dies schützt vor einem (vermeidbaren) Ressourcenverlust, wenn es zum Erlass eines nicht vollstreckbaren Titels kommt; zudem würde dem im Erkenntnisverfahren obsiegenden Kläger mangels Vollstreckbarkeit effektiver Rechtsschutz verwehrt. Die potentielle Aussicht, der unbestimmte Titel entfalte Rechtskraft im Hinblick auf spätere Sekundäransprüche[295], kann dem primären Interesse des Klägers nicht genügen; ihr kommt höchstens auf nachgelagerter Ebene Bedeutung zu. Dies gilt in einem Rechtssystem, das der Naturalerfüllung einen hohen Stellenwert einräumt, umso mehr.[296] Hinzu kommt die mit vergleichsweise strengen Bestimmtheitsanforderungen an die Klageschrift einhergehende Entlastung der Gerichte. Je weniger Aufwand zur Ermittlung des klägerischen Begehrens erforderlich ist, desto weniger staatliche Ressourcen werden in Anspruch genommen. Dies trifft im Ergebnis auch auf den Titel zu: Strenge Bestimmtheitsanforderungen helfen, Auslegungsschwierigkeiten vorzubeugen und die mit der (nachträglichen) Präzisierung verbundene Belastung öffentlicher Kassen zu minimieren. Vor diesem Hintergrund ist auch die für die Heranziehung laxerer Vorgaben bemühte Aussage problematisch, die Basis der Vollstreckung bilde nicht

---

[293] Siehe dazu auch noch Kapitel 8 § 1.

[294] Vgl. diesbzgl. auch noch Kapitel 8 § 1 A.

[295] Darauf abstellend *Sutschet*, ZZP 119 (2006), 279, 290.

[296] Zum Grundsatz der Naturalerfüllung *Riehm*, Der Grundsatz der Naturalerfüllung, 219 ff.; *M.-P. Weller*, Die Vertragstreue, 316 ff.; aus vollstreckungsrechtlicher Sicht *Baur/Stürner/Bruns*, Zwangsvollstreckungsrecht, Rn. 6.45 f.; *Gaul/Schilken/Becker-Eberhard*, Zwangsvollstreckungsrecht, § 9 Rn. 1 ff. u. 29; *Jahnke*, ZZP 93 (1980), 43 f.; *Schilken*, DGVZ 1988, 49; ferner *Stamm*, Die Prinzipien und Grundstrukturen des Zwangsvollstreckungsrechts, 150 ff. u. 464; aus rechtsvergleichender Perspektive *Lobach*, Inhalt und Grenzen des Erfüllungsanspruchs, 31 ff. u. passim.

der Antrag, sondern der Tenor[297]. Überdies wirken sich strenge Anforderungen an die Bestimmtheit auch zugunsten des Beklagten aus. Dieser soll sich zu einem möglichst frühen Zeitpunkt Klarheit über den Inhalt des klägerischen Anliegens verschaffen können, um eine effektive Verteidigung zu organisieren – ungeachtet einer späteren Änderung der Prozesslage, mit der letztlich immer zu rechnen ist. Insoweit kommt dem prozessrechtlichen Bestimmtheitsgebot auch Bedeutung für die Herstellung prozessualer Waffengleichheit zu.

Die primäre Fokussierung auf innerprozessuale Motive wie der Verfahrenseffektivität darf allerdings nicht zu der Annahme verleiten, dass das prozessrechtliche Bestimmtheitsgebot absolut verwirklicht ist. Von seiner Strenge wird sowohl aus prozessualen als auch materiell-rechtlichen Gründen abgewichen. Während aus prozessualer Perspektive das Recht auf effektiven Rechtsschutz und Zweckmäßigkeitserwägungen im Vordergrund stehen, setzt sich aus materiell-rechtlicher Perspektive die dienende Funktion des Prozessrechts durch – insoweit reiht sich die Frage in die Diskussion zur (fortschreitenden) Materialisierung des Verfahrensrechts ein[298]. Die Zulassung unbestimmter Anträge bzw. die Möglichkeit der Vollstreckung zunächst unbestimmter Titel hat, wenn nicht eine vorherige Konkretisierung durch das Erkenntnisgericht erfolgt, zwangsläufig zur Folge, dass das Vollstreckungsverfahren mit „echten" Sachfragen belastet wird. Auch wenn mitunter darauf hingewiesen wird, dass Vollstreckungsorgane generell in bestimmten Konstellationen zur Prüfung materiell-rechtlicher Fragen in die Pflicht genommen werden[299] – Beispiel hierfür sind nach Urteilserlass eintretende Umstände[300] –, handelt es sich um Ausnahmen, mit denen keine grundsätzliche Negierung des Formalisierungsgrundsatzes verbunden ist. Eine generelle Entscheidung, materiell-rechtliche Fragen (zunehmend) in das Vollstreckungsverfahren zu verlagern, geht damit nicht einher; vielmehr wird lediglich einzelnen prozessualen und materiell-rechtlichen Besonderheiten Rechnung getragen.

Zuletzt ist auf den Zusammenhang, den das prozessrechtliche Bestimmtheitsgebot an die Klageschrift stellt, mit dem Beibringungsgrundsatz und der Dispositionsmaxime hinzuweisen.[301] Es obliegt den Parteien, die ihr Begehren stützenden

---

[297] So von *Sutschet*, ZZP 119 (2006), 279, 282 u. 285.

[298] Zur Materialisierung des Zivilprozessrechts etwa *Kehrberger*, Die Materialisierung des Zivilprozessrechts, 6 ff. u. passim; *Roth*, in: Liber Amicorum für Wolfram Henckel, 283; *Wagner*, ZEuP 2008, 6, 13 ff.; ferner *Jahnke*, ZZP 93 (1980), 43, 46.

[299] So *Sutschet*, ZZP 119 (2006), 279, 299 f.

[300] Dazu (allgemein) *Brox/Walker*, Zwangsvollstreckungsrecht, § 2 Rn. 12 f.; *Lippross/Bittmann*, Zwangsvollstreckungsrecht, § 4 Rn. 18; *Lüke*, Zivilprozessrecht II, § 6 Rn. 2; ferner *Baur/Stürner/Bruns*, Zwangsvollstreckungsrecht, Rn. 12.11; *Brehm*, JZ 1990, 394, 395; *Gaul*, Rpfleger 1971, 81, 92; *Jauernig/Berger/Kern*, Zwangsvollstreckungsrecht, § 1 Rn. 36; *R. Stürner/Münch*, JZ 1987, 178, 183; ferner *Schilken*, DGVZ 1988, 49, 60.

[301] Zur grundsätzlichen (Fort)Geltung der Dispositionsmaxime und des Beibringungsgrundsatzes im „eigentlichen" Vollstreckungsverfahren mit Ausnahme der Sachaufklärung, die dem Gläubiger ermöglicht, hinsichtlich der Ermittlung des Schuldnervermögens auf die staatlichen Vollstreckungsorgane zurückzugreifen, *Baur/Stürner/Bruns*, Zwangsvollstre-

Tatsachen in den Prozess einzuführen. Das Gericht verfügt weder über einen eigenen Ermittlungsapparat noch besteht in gewöhnlichen Zivilverfahren ein besonderes öffentliches Interesse an der Streitsache[302], weshalb einer Tatsachenermittlung von Amts wegen eine Absage erteilt wurde.[303] Die Dispositionsmaxime dient der Aufrechterhaltung der Parteiautonomie: Nicht das Gericht, sondern der Kläger bestimmt den Streitgegenstand und legt damit den Umfang der gerichtlichen Entscheidung und einer eventuellen späteren Zwangsvollstreckung fest. Im Rahmen der Auslegung zwingend außerhalb des Titels liegende Umstände zu berücksichtigen, begründet die Gefahr, mit zentralen Wertungen des Beibringungsgrundsatzes und der Dispositionsmaxime zu brechen. So liefe dies nicht nur leicht auf eine gerichtliche Stoffermittlung hinaus, sondern begründete auch das Risiko, dass das Gericht über etwas entscheidet und etwas vollstreckt, was nicht dem klägerischen Begehren entspricht. Insoweit kann auch nicht das Argument Abhilfe versprechen, dass es angesichts des Beibringungsgrundsatzes dem Gläubiger obliege, das Vollstreckungsorgan mit den nötigen, außerhalb des Titels liegenden Informationen zu versorgen.[304] Denn es mangelt dem „eigentlichen" Vollstreckungsverfahren auch in diesen Fällen an einem geeigneten, rechtsförmlichen Rahmen, der zugleich etwaige Verteidigungsrechte des Schuldners wahrt – so kann ein unbeschränkter Zugriff auf außerhalb des Titels liegende Umstände leicht zum Aufkommen (neuer) materieller Fragen führen, für die ein Erkenntnisverfahren den geeigneteren Rahmen bildet.[305]

---

ckungsrecht, Rn. 6.5 ff. u. 6.21 ff.; *Lippross/Bittmann*, Zwangsvollstreckungsrecht, Einführung Rn. 10 f.; Musielak/Voit/*Lackmann*, vor §§ 704 ff. Rn. 11; Saenger/*Saenger*, Einführung Rn. 78 f.; Zöller/*Seibel*, vor §§ 704 ff. Rn. 19; *Stamm*, Die Prinzipien und Grundstrukturen des Zwangsvollstreckungsrechts, 110 ff.; *R. Stürner*, ZZP 99 (1986), 291, 298 ff. u. 307 ff.; ferner *Gaul/Schilken/Becker-Eberhard*, Zwangsvollstreckungsrecht, § 5 Rn. 64 ff.; *Jauernig/Berger/Kern*, Zwangsvollstreckungsrecht, § 1 Rn. 48 ff.; nur hinsichtlich der Dispositionsmaxime Wieczorek/Schütze/*C. Paulus*, vor § 704 Rn. 27 ff.; MünchKommZPO/*Rauscher*, Einleitung Rn. 434 f. u. 438.

302 Plakativ (schon) *Wach*, Vorträge über die Reichs-Civilprozessordnung, 53: „[Die Verhandlungsmaxime] ist der Grundsatz der staatlichen Interessenlosigkeit an der Streitsache und des Processbetriebs durch die Interessenten"; ferner *Koch*, Mitwirkungsverantwortung im Zivilprozess, 98; *Meyer*, JR 2004, 1; MünchKommZPO/*Rauscher*, Einleitung Rn. 354; *Rosenberg/Schwab/Gottwald*, Zivilprozessrecht, § 77 Rn. 3; *Wagner*, Prozeßverträge, 90 f.

303 Allgemein *Jauernig/Hess*, Zivilprozessrecht, § 24 Rn. 48 ff.; Musielak/Voit/*Musielak*, Einleitung Rn. 38; MünchKommZPO/*Rauscher*, Einleitung Rn. 354 f.; *Rosenberg/Schwab/Gottwald*, Zivilprozessrecht, § 77 Rn. 4; Saenger/*Saenger*, Einführung Rn. 67.

304 Vgl. diesbzgl. *R. Stürner/Münch*, JZ 1987, 178, 185.

305 Vgl. Stein/Jonas/*Bartels*, § 887 Rn. 4; *Nierwetberg*, Rpfleger 2009, 201, 204; Zöller/*Seibel*, § 704 Rn. 5. Auch das Verfahren nach § 766 Abs. 2 ZPO ist dazu wenig geeignet, da es nicht die Funktion verfolgt, einen Titel vollstreckbar zu machen; vielmehr ermöglicht es eine Fehlerkontrolle des Vollstreckungsorgans. Vgl. diesbzgl. *Lippross/Bittmann*, Zwangsvollstreckungsrecht, § 19 Rn. 1, 26 ff.; *Stamm*, Die Prinzipien und Grundstrukturen des Zwangsvollstreckungsrechts, 523; ferner *Baur/Stürner/Bruns*, Zwangsvollstreckungsrecht, Rn. 13.3; *Gaul/Schilken/Becker-Eberhard*, Zwangsvollstreckungsrecht, § 10 Rn. 43, § 37 Rn. 1 u. 90; a. A. tendenziell Kindl/Meller-Hannich/*Giers/Scheuch*, § 704 ZPO Rn. 22.

Kapitel 8

Der Bestimmtheitsgrundsatz im Privatrecht

Naturgemäß kann es hier nicht darum gehen, sämtliche Fragen zu thematisieren, die mit dem Bestimmtheitsgebot im Privatrecht in Zusammenhang stehen. Stattdessen sollen Grundtendenzen sowie Gemeinsamkeiten und Unterschiede der hier untersuchten Rechtsgebiete herausgestellt werden. Dies wird anhand zweier Fragen veranschaulicht: Erstens, ob eine Angleichung zwischen Prozessrecht und materiellem Recht angezeigt ist, und zweitens, ob eine Harmonisierung der unterschiedlichen Bestimmtheitsanforderungen auf der Ebene des materiellen Rechts ins Auge gefasst werden sollte.

§ 1 Angleichung zwischen Prozessrecht und materiellem Recht

Die Frage, ob eine Angleichung der Bestimmtheitsanforderungen von Prozessrecht und materiellem Recht wünschenswert ist, ist schon mit der Schwierigkeit verbunden, welches Rechtsgebiet im materiellen Recht für maßgeblich zu erklären wäre. So sind die Unterschiede zwischen dem Prozessrecht und dem Mobiliarsachenrecht prima facie nicht so groß, wie man zunächst annehmen würde; Unterschiede ergeben sich allerdings bei näherem Blick hinsichtlich der bei der Sicherungsübereignung beweglicher Sachen zulässigen Verwendung von (abstrakten) Sammelbezeichnungen. In den anderen Rechtsgebieten sind die Bestimmtheitsanforderungen nicht nur weniger streng – dies gilt insbesondere im Hinblick auf das Schuldvertragsrecht –, sondern es wird auch der Rückgriff auf außerhalb der Einigung liegende Umstände als zulässig erachtet. Für die weitere Untersuchung soll daher die allgemeine Frage zugrunde gelegt werden, ob das strengere Prozessrecht oder das laxere materielle Recht Leitbildfunktion entfalten sollte.

A. Primat des materiellen Rechts?

Zunächst könnte man daran denken, die (laxeren) Bestimmtheitsanforderungen des materiellen Rechts auf das Prozessrecht zu übertragen. In concreto würde dies etwa bedeuten, im Rahmen der Auslegung auf außerhalb der Klageschrift bzw. des Titels liegende Umstände unabhängig von deren Offenkundigkeit zurückzugreifen;

dem damit einhergehenden Aufwand käme dann keine Bedeutung zu. Dafür könnte die dienende Funktion des Prozessrechts anzuführen sein. Obwohl seit langem umstritten ist, was den Zweck des Prozessrechts genau auszeichnet, besteht zumindest dahingehend Einigkeit, dass dem Individualrechtsschutz bzw. dem Schutz subjektiver Rechte eine zentrale Rolle zukommt.[306] Die materiell-rechtlichen Positionen, denen das Prozessrecht zur Durchsetzung verhelfen möchte, könnten (vollumfänglich) auf das Prozessrecht ausstrahlen.[307] Dies stünde zudem in Einklang mit dem historischen, der CPO von 1877 zugrunde liegenden Verständnis, mit der Parteiherrschaft als Fortsetzung der Privatautonomie auf der Ebene des Prozessrechts[308] die dem Einzelnen auf der Ebene des materiellen Recht eingeräumte Entscheidungsfreiheit auf das Prozessrecht zu übertragen.[309] In eine ähnliche Richtung gehen Stimmen, die für eine weitgehende Öffnung des Vollstreckungsverfahrens für materiell-rechtliche Fragen bzw. einen Rückgriff auf außerhalb des Titels liegende Umstände eintreten.[310] Dafür wird der Befund angeführt, dass ein grundsätzliches Verbot des Vollstreckungsorgans, materiell-rechtliche Fragen zu prüfen, auch von

---

[306] Exemplarisch BGHZ 10, 333, 336; 161, 138, 143; *Adolphsen*, ZZP 135 (2022), 299, 305 ff.; *Althammer*, Streitgegenstand und Interesse, 239 ff.; Stein/Jonas/*Brehm*, vor § 1 Rn. 9 ff.; *Gaul*, AcP 168 (1968), 27, 46 ff.; *Henckel*, Prozessrecht und materielles Recht, 58 ff.; Musielak/Voit/*Musielak*, Einleitung Rn. 5; *Jacoby*, Zivilprozessrecht, Kap. 1 Rn. 13; *Jauernig*, JuS 1971, 329, 331 f.; *ders./Hess*, Zivilprozessrecht, § 1 Rn. 7; *Kehrberger*, Die Materialisierung des Zivilprozessrechts, 303 f. u. 313 ff.; *Koch*, Mitwirkungsverantwortung im Zivilprozess, 1; *Lüke*, Zivilprozessrecht I, § 1 Rn. 4; *Meyer*, JR 2004, 1, 4; *Münch*, in: Die Zukunft des Zivilprozesses, 5, 35 ff.; *Pfeiffer*, Internationale Zuständigkeit und prozessuale Gerechtigkeit, 238 ff.; *Pohlmann*, Zivilprozessrecht, § 1 Rn. 5; MünchKommZPO/*Rauscher*, Einleitung Rn. 8; *Rosenberg/Schwab/Gottwald*, Zivilprozessrecht, § 1 Rn. 9 ff.; *Roth*, ZfPW 2017, 129 (132 ff.); Saenger/*Saenger*, Einführung Rn. 3 u. 16; *Schilken/Brinkmann*, Zivilprozessrecht, § 1 Rn. 15 ff.; *R. Stürner*, in: FS für Gottfried Baumgärtel, 545; Zöller/*G. Vollkommer/Geimer*, Einleitung Rn. 1; *Wagner*, Prozeßverträge, 59 f.

[307] Vgl. diesbzgl. *Henckel*, Prozessrecht und materielles Recht, 63 f.; Saenger/*Saenger*, Einführung Rn. 16 u. 18; *Schumann*, in: FS für Karl Larenz, 571; Zöller/*G. Vollkommer/Geimer*, Einleitung Rn. 53; in diesem Zusammenhang auf weitere, vom Individualrechtsschutz losgelöste Wertungen des Zivilprozessrechts hinweisend Stein/Jonas/*Brehm*, vor § 1 Rn. 92.

[308] Zur Parteiherrschaft als Fortsetzung der Privatautonomie *Althammer*, in: Mindeststandards im europäischen Zivilprozessrecht, 3, 17 u. 20; *Gaier*, NJW 2013, 2871, 2872; *Jacoby*, Zivilprozessrecht, Kap. 4 Rn. 1 u. 14; Stein/Jonas/*Kern*, vor § 128 Rn. 161; *Koch*, Mitwirkungsverantwortung im Zivilprozess, 99 f.; *Leipold*, JZ 1982, 441, 448; Musielak/Voit/*Musielak*, Einleitung Rn. 35 u. 38; *Gaul*, AcP 168 (1968), 27, 51; *Pohlmann*, Zivilprozessrecht, § 2 Rn. 67; MünchKommZPO/*Rauscher*, Einleitung Rn. 337 u. 354; *Rosenberg/Schwab/Gottwald*, Zivilprozessrecht, § 76 Rn. 1 u. § 77 Rn. 3; *Roth*, in: Recht und Gesellschaft in Deutschland und Japan, 149, 163; *Schilken/Brinkmann*, Zivilprozessrecht, § 2 Rn. 2 u. 9; *Schilken*, ZZP 135 (2022), 153, 157 f.; *Wagner*, Prozeßverträge, 64 f. u. 89; *Weyers*, in: FS für Josef Esser, 193, 200; ferner *McGuire*, in: Jahrbuch Junger Zivilrechtswissenschaftler 2003, 99, 121 f.; *Roth*, ZfPW 2017, 129, 132; *R. Stürner*, in: FS für Fritz Baur, 647, 650.

[309] Vgl. etwa *Gaul*, Rpfleger 1971, 81 f.; *McGuire*, in: Jahrbuch Junger Zivilrechtswissenschaftler 2003, 99, 104 ff.; Musielak/Voit/*Musielak*, Einleitung Rn. 35; *Sprung*, ZZP 92 (1979), 4, 6; ferner *Zöllner*, AcP 190 (1990), 471, 487 ff.

[310] In diese Richtung *Sutschet*, ZZP 119 (2006), 279, 299 ff.

der herrschenden Auffassung nicht geteilt wird[311]. Überdies könnten die strengen Anforderungen, die Urteile unbestimmten Inhalts zu verhindern suchen, nicht gänzlich ausschließen, dass es doch zu deren Erlass komme.[312] Gleiches treffe auf den Versuch zu, aus einem unbestimmten Urteil zu vollstrecken.[313] Im Ergebnis könne es daher nur darum gehen, wie diesbezügliche Unklarheiten zu beheben seien. Was dies betrifft, sei das Vollstreckungsverfahren vorzugswürdig und ein Rückgriff auf außerhalb des Titels liegender Umstände angezeigt.

Eine Angleichung des Prozessrechts an das materielle Recht liefe allerdings darauf hinaus, den eigenständigen Charakter des Prozessrechts zumindest partiell zu negieren. Richtigerweise rechtfertigen die speziellen Wertungen bzw. Charakteristika des Prozessrechts eine unterschiedliche Behandlung. Ein besonderes Merkmal des Verfahrensrechts im Vergleich zum materiellen Recht ist das höhere Maß an Formalisierung.[314] Aus Gründen der Vorhersehbarkeit der Prozesslage für die Parteien ist ein gewisses Maß an Starrheit unverzichtbar. Dies gilt insbesondere für den Beklagten, um seine Verteidigungsrechte zu wahren; das „richtige" Recht gilt es ja erst zu finden. Hinzu kommt, dass jeder Prozess mit dem Einsatz öffentlicher Mittel verbunden ist.[315] Anders als auf der Ebene des materiellen Rechts handelt es sich hier nicht mehr um eine reine Angelegenheit zwischen den Parteien. Schon vor diesem Hintergrund lassen sich strengere Anforderungen an die Bestimmtheit der Klageschrift im Verfahrensrecht rechtfertigen, sobald eine dritte Person in Gestalt des Gerichts oder des Vollstreckungsorgans eingeschaltet wird. Es ist zwar zuzugestehen, dass damit der Erlass unbestimmter Urteile nicht vollumfänglich verhindert werden kann. Dies ändert aber nichts an der grundsätzlich kostenreduzierenden Funktion, die mit der Maßgabe einhergeht, das Gericht und den Beklagten (bereits) in der Klageschrift mit möglichst präzisen Angaben zu versorgen. Ganz abgesehen davon stellt der Erlass unbestimmter Urteile die Ausnahme dar; dem prozessrechtlichen Bestimmtheitsgebot kann daher nicht pauschal die Wirksamkeit abgesprochen werden.

Diese Eigenständigkeit des Prozessrechts lässt sich in neuerer Zeit (auch) an den Begriffen der Prozessökonomie und des *case management* festmachen. Angesichts knapper werdender finanzieller und personeller Mittel wird ein schnelles und kos-

---

[311] Siehe dazu bereits die Nachweise in Fn. 300.

[312] *Sutschet*, ZZP 119 (2006), 279, 292.

[313] *Sutschet*, ZZP 119 (2006), 279, 292.

[314] Stein/Jonas/*Brehm*, vor § 1 Rn. 36 u. 98 ff.; *Gaul*, AcP 168 (1968), 27, 38 f.; *M. Vollkommer*, Formstrenge und prozessuale Billigkeit, 39 ff.; vgl. auch *Prütting*, in: FG für Max Vollkommer, 283 ff.; Saenger/*Saenger*, Einführung Rn. 18; ferner zur Unterscheidung *Rosenberg/Schwab/Gottwald*, Zivilprozessrecht, § 1 Rn. 31 ff.

[315] Vgl. *Pfeiffer*, Internationale Zuständigkeit und prozessuale Gerechtigkeit, 252; *R. Stürner*, ZZP 99 (1986), 291, 318 u. 321; *Wagner*, Prozeßverträge, 79, 82 u. 84; ferner *Berner*, ZZP 136 (2023), 23, 36.

tengünstiges Verfahren in den Vordergrund gerückt.[316] Aus rechtshistorischer Sicht belegen dies schon die mit der Amtsgerichtsnovelle von 1909 erfolgte Einführung des Amtsbetriebs,[317] die 1976 angestoßene Hinwendung zum Hauptverhandlungsmodell[318] und die stärkere Inpflichtnahme des Gerichts für den Prozessverlauf – letzteres wird insbesondere am Beispiel der Hinweispflicht nach § 139 ZPO deutlich[319]. Die Steigerung der Verantwortlichkeit des Gerichts führt zwangsläufig zu einer Zurückdrängung der Parteiherrschaft, freilich ohne den Einfluss der Parteien und die damit zusammenhängende Durchsetzung des materiellen Rechts grundsätzlich in Frage zu stellen.

B. Primat des Prozessrechts?

Kann die Angleichung des strengeren Prozessrechtsrechts an das laxere materielle Recht nicht überzeugen, wäre noch darüber nachzudenken, ob das aus dem Grundsatz der Prozessökonomie folgende Postulat eines effizienten Verfahrens auch materiell-rechtliche Positionen verlangt, die einfach und schnell festzustellen sind. Damit einher ginge auch ein grundsätzliches Verbot, außerhalb der Einigung liegende Umstände zu berücksichtigen, sowie die Vorgabe, aufgrund von § 253 Abs. 2 Nr. 2 ZPO eine Begründungspflicht für Gestaltungsrechte anzunehmen[320]. Prima facie würde damit eine Reduzierung von Kosten bewirkt, da Unklarheiten im Rahmen einer späteren gerichtlichen Feststellung vorgebeugt werden könnte. Je

---

[316] Exemplarisch die Motive des ZPO-Reformgesetzes von 2001 BT-Drucks. 14/4722, 58 ff.; ferner *Althammer*, in: FS für Ekkehard Becker-Eberhard, 15, 17 f.; *Berner*, ZZP 136 (2022), 23, 32 ff.; *Bettermann*, ZZP 91 (1978), 365, 378 ff. u. 386; *Greger*, JZ 1997, 1077, 1078 ff.; *Jauernig/Hess*, Zivilprozessrecht, § 28 Rn. 1 ff.; *McGuire*, in: Jahrbuch Junger Zivilrechtswissenschaftler 2003, 99, 116; MünchKommZPO/*Rauscher*, Einleitung Rn. 382 ff.; *Roth*, JR 2018, 159, 165 f.; Saenger/*Saenger*, Einführung Rn. 16; *R. Stürner*, ZZP 123 (2010), 147, 152 ff.; *Wagner*, Prozeßverträge, 79.

[317] *Bettinger*, Prozessmodelle im Zivilverfahrensrecht, 55 ff.; *Meyer*, JR 2004, 1, 2; *Roth*, JR 2018, 159, 160 f.; ferner *Bettermann*, ZZP 91 (1978), 365, 385 f.; *R. Stürner*, ZZP 99 (1986), 291, 307.

[318] *Bettinger*, Prozessmodelle im Zivilverfahrensrecht, 61 ff.; Stein/Jonas/*Brehm*, vor § 1 Rn. 150 ff.; *Roth*, JR 2018, 159, 162 f.; *R. Stürner/Kern*, in: GS für Halûk Konuralp, 997, 1006 ff.; *R. Stürner*, ZZP 123 (2010), 147, 151 f.; ferner *Chase* 5 Cardozo J. Int'l & Comp. L. 1, 3 ff. (1997); Stein/Jonas/*Brehm*, vor § 1 Rn. 197; *Jauernig/Hess*, Zivilprozessrecht, § 28 Rn. 10.

[319] *Kehrberger*, Die Materialisierung des Zivilprozessrechts, 220 ff.; *Lüke*, Zivilprozessrecht I, § 2 Rn. 17 ff.; *McGuire*, in: Jahrbuch Junger Zivilrechtswissenschaftler 2003, 99, 111 ff.; *Schilken*, ZZP 135 (2022), 153, 168 f.; ferner *Bettermann*, ZZP 91 (1978), 365, 389 f.; *Gaier*, NJW 2013, 2871, 2872; *ders.*, NJW 2020, 177 ff.; Stein/Jonas/*Kern*, vor § 128 Rn. 217 u. § 139 Rn. 1 ff.; *Musielak*, in: FG für Max Vollkommer, 237, 238 f.; *Prütting*, in: FS für Hans-Joachim Musielak, 397, 399 ff.; *R. Stürner*, JZ 1986, 1089, 1094.

[320] Siehe zum „Zusammenspiel" zwischen der Begründung(spflicht) von Gestaltungsrechten und § 253 Abs. 2 Nr. 2 ZPO auch *M. Becker*, AcP 188 (1988), 24, 50 ff.; *Büdenbender*, AcP 210 (2010), 611, 618 f.; *Lent*, AcP 152 (1952/53), 401, 402 u. 406.

präziser der Inhalt des Rechtsgeschäfts gefasst ist und je weniger Umstände bei der Auslegung eine Rolle spielen, desto schneller und kostengünstiger ließe sich eine gerichtliche Entscheidung fällen.

Auch wenn dieser Ansatz auf den ersten Blick einiges für sich haben mag, ist er doch grundsätzlichen Bedenken ausgesetzt. So vermischt dieser Ansatz die prozessuale und materiell-rechtliche Ebene.[321] Die Frage, ob der Inhalt einer Einigung einfach ermittelt werden kann, ist im Ausgangspunkt eine Frage der prozessualen Realisierungswahrscheinlichkeit. Ob etwas leicht bzw. ohne erheblichen Aufwand festgestellt werden kann, spielt auf der Ebene des materiellen Rechts grundsätzlich keine Rolle. Wäre dies anders, hätte der Gesetzgeber nicht nur wesentlich mehr Formerfordernisse normiert, sondern wäre auch für eine strengere Handhabung der notariellen Beurkundung und öffentlicher Urkunden eingetreten. Im Rahmen der notariellen Beurkundung ist etwa die Geltung des Satzes *falsa demonstratio non nocet* anerkannt.[322] Auch öffentlichen Urkunden über Erklärungen, die vor Behörden oder Urkundspersonen abgegeben wurden, kommt nur hinsichtlich der in § 415 Abs. 1 ZPO aufgelisteten Umstände Beweiskraft zu. Ob die abgegebenen Erklärungen inhaltlich zutreffend sind (materielle Beweiskraft), ist damit nicht gesagt.[323] Hinsichtlich der materiellen Beweiskraft greift allenfalls eine Vermutung der Vollständigkeit und Richtigkeit.[324] Vor dem Hintergrund, dass es mit dem Verständnis von Privatautonomie nur schwerlich zu vereinbaren ist, die Parteien an etwas festzuhalten, was deren Willen widerspricht, kann dies auch wenig überraschen. Hinzu kommt, dass anders als im Prozess keine Interessen Dritter unmittelbar berührt werden.

Zudem kann auch generell bezweifelt werden, ob strenge Anforderungen an die Bestimmtheit tatsächlich einen kostensenkenden Effekt bewirken, sollte es an der Beteiligung eines Dritten, etwa in Gestalt eines Gerichts oder eines Vollstreckungsorgans, mangeln. Unbeschadet der Einsicht, dass auch eine einfache Feststellbarkeit nicht in der Lage ist, sämtlichen Streitigkeiten vorzubeugen, ist es auf der Ebene des materiellen Rechts angesichts der Vielzahl möglicher Gestaltungen schwer – insoweit unterscheidet sich die Konstellation zu § 253 Abs. 2 ZPO –, Kriterien zu ermitteln, die treffend zwischen zulässiger Bestimmtheit und unzulässiger Unbestimmtheit unterscheiden können. In aller Regel dürften die Parteien dazu am besten in der Lage sein, schließlich unterliegen sie dem ureigenen Interesse, durch die Herstellung von Klarheit Kosten zu vermeiden bzw. entsprechende Beweise zu sichern. Zudem würde man andernfalls die Parteien zwingen, den Ver-

---

[321] Vgl. diesbzgl. auch *Lieder*, Die rechtsgeschäftliche Sukzession, 317 f.; *Schäfer*, WM 1999, 153, 156 u. 159; siehe ferner auch *Wagner*, Prozeßverträge, 82 f.

[322] Siehe dazu schon die Nachweise in Fn. 150.

[323] Zur Beweiskraft öffentlicher Urkunden *Rosenberg/Schwab/Gottwald*, Zivilprozessrecht, § 120 Rn. 21 ff. u. 32 f.

[324] Exemplarisch BGH NJW 2002, 3164 f.; Erman BGB/*A. Arnold*, § 125 Rn. 29; Grüneberg/*Ellenberger*, § 125 Rn. 21; BeckOGK BGB/*Möslein*, § 133 Rn. 83 u. 86; Staudinger/*Singer*, § 133 Rn. 34.

tragsinhalt bzw. Gestaltungserklärungen (unnötig) aufzuladen, was unter Kostengesichtspunkten alles andere als vorteilhaft ist.[325] Insoweit ist die Belastung der Parteien mit von außen kommenden strengen Bestimmtheitsanforderungen auf der Ebene des materiellen Rechts nicht angezeigt.

§ 2 Angleichung innerhalb des materiellen Rechts

Eine grundsätzliche Angleichung der schuldvertraglichen an die sachenrechtliche Lage ist schon vor dem Hintergrund des Spezialitätsprinzips problematisch. Dies gilt unbeschadet der Einsicht, dass aus funktionaler Perspektive die Unterschiede im Hinblick auf das Bestimmtheitsgebot zwischen den beiden Rechtsgebieten im Stadium des Vollzugs nicht so groß sind, wie man zunächst annehmen würde. Was bleibt, ist die Frage, ob sich innerhalb der Verfügungsgeschäfte eine Harmonisierung erreichen lässt.

Gegen die im Rahmen des Mobiliarsachenrechts und der Abtretung von Forderungen über die Vorgaben des sachenrechtlichen Bestimmtheitsgrundsatzes hinaus gestellten Anforderungen an die dingliche Einigung und für ein weitgehendes Maß an Gestaltungsfreiheit kann die Privatautonomie angeführt werden.[326] Dieses verfassungsrechtlich verbürgte Recht fordert, Privaten die selbstbestimmte Regelung ihrer rechtlichen Beziehungen in Abwesenheit von hoheitlichem Zwang zu ermöglichen.[327] Damit einher geht die Vertrags- und Verfügungsfreiheit, also die Befugnis, selbst den Vertragsinhalt festzulegen (Inhaltsfreiheit)[328] und über Ver-

---

[325] Vgl. diesbzgl. auch *de la Durantaye*, Erklärung und Wille, 81 f.; *Lieder*, Die rechtsgeschäftliche Sukzession, 319 f.

[326] In diese Richtung auch *Säcker*, in: FS für Apostolos Georgiades, 359, 369; *Westermann*, in: FS für Apostolos Georgiades, 465, 479 u. 485; *Wiegand*, AcP 190 (1990), 112, 134 f.; ferner *Lieder*, Die rechtsgeschäftliche Sukzession, 317 f.

[327] Allgemein BVerfGE 8, 274, 328 f.; 72, 155, 170; 89, 214, 231 ff.; 114, 1, 34; *Bork*, BGB AT, § 2 Rn. 99 ff.; PWW/*Brinkmann*, vor §§ 145 ff. Rn. 12 ff.; *Busche*, Privatautonomie und Kontrahierungszwang, 13 ff.; MünchKommBGB/*ders.*, vor § 145 Rn. 2 ff.; *Canaris*, AcP 200 (2000), 273, 277 ff.; HK-BGB/*Dörner*, vor §§ 104 ff. Rn. 1; Grüneberg/*Ellenberger*, vor § 145 Rn. 7 ff.; *Fikentscher/Heinemann*, Schuldrecht, § 20 Rn. 110; *Flume*, AT II, § 1; *Hellgardt*, Regulierung und Privatrecht, 65 ff. u. 529 ff.; *Lieder*, Die rechtsgeschäftliche Sukzession, 83 ff.; *Looschelders*, Schuldrecht AT, § 3 Rn. 1 ff.; Jauernig/*Mansel*, vor §§ 145 ff. Rn. 8; *Medicus/Petersen*, BGB AT, § 17 Rn. 172 ff.; BeckOGK BGB/*Möslein*, § 145 Rn. 20 ff.; *Musielak*, JuS 2017, 949; *Neuner*, BGB AT, § 10 Rn. 28 ff.; *C. Paulus/Zenker*, JuS 2001, 1; *Petersen*, JURA 2011, 184; *Riesenhuber*, ZfPW 2018, 352, 355 ff.; *Stadler*, BGB AT, § 3 Rn. 1 ff.; *M.-P. Weller*, Die Vertragstreue, 154 ff.; *Schweitzer*, AcP 220 (2020), 544, 549 ff.; Soergel/*Wolf*, vor § 145 Rn. 19 ff.; ferner *Auer*, Der privatrechtliche Diskurs der Moderne, 45, 67 u. passim; *Hattenhauer*, Einseitige private Rechtsgestaltung, 279 f.; *Mayer-Maly*, in: FS für Hans Carl Nipperdey, 509, 511 ff.; *Röthel*, in: Autonomie im Recht, 91.

[328] Siehe diesbzgl. schon die Nachweise in Fn. 18.

mögenspositionen selbstbestimmt verfügen zu können[329]. Im Zweifel gebührt daher der ungehinderten Zirkulation von Rechtspositionen der Vorrang.[330] Zwar handelt es sich bei der Privatautonomie rechtstheoretisch um ein Rechtsprinzip, das Einschränkungen durch andere, ebenfalls dem Privatrecht immanente Prinzipien erfährt.[331] Zu denken wäre diesbezüglich etwa an Dritt- oder Gemeinwohlinteressen.[332] Da allerdings die an die dingliche Einigung im Mobiliarsachenrecht und an die Abtretung von Forderungen gestellten Anforderungen auch nicht unter Gläubiger- bzw. Schuldnerschutzgesichtspunkten überzeugen,[333] ist der weitgehenden Wirksamkeit von Rechtsgeschäften Vorrang einzuräumen. Auch der Rückgriff auf die Privatautonomie spricht daher gegen derart restriktive Anforderungen; vielmehr fordert sie die rechtliche Anerkennung entsprechender privatrechtlicher Dispositionen.

Zusätzlich rechtfertigt die Gegenüberstellung zum Prozessrecht eine weiterreichende Freiheit auf der Ebene des materiellen Rechts. Dies gilt trotz der Einsicht, dass die Parteiherrschaft als Fortsetzung der Privatautonomie auf prozessualer Ebene erachtet wird, da eine (unmittelbare) Inanspruchnahme staatlicher Ressourcen und eine Beeinträchtigung der Verteidigungsrechte des Beklagten hier nicht droht. Entscheidend ist daher allein, ob überhaupt das Verfügungsobjekt aus Sicht der Parteien bestimmt werden kann. Auf die dafür notwendigen Mühen sowie eine Dritt- bzw. Schuldnerperspektive sollte es ebenfalls nicht ankommen; den Anliegen Dritter bzw. des Schuldners kann mittels anderer Rechtsinstitute bzw. -gebiete effektiver Rechnung getragen werden. Hinsichtlich des Kriteriums ‚einfache Feststellbarkeit' ist zwischen prozessualer und materiell-rechtlicher Ebene zu trennen. Nur im Prozess(recht) kommt der Frage der Beweisbarkeit und der Verfahrensökonomie eine zentrale Rolle zu. Die Bezeichnungsgenauigkeit als materiell-rechtlicher Gesichtspunkt hat mit der Beweisfrage hingegen wenig zu tun. Damit verbunden ist auch die Forderung, auf der Ebene des materiellen Rechts außervertragliche Umstände zur Konkretisierung der zwischen den Parteien getroffenen Einigung generell zuzulassen.

---

[329] *Lieder*, Die rechtsgeschäftliche Sukzession, 86 ff.; ferner *Bork*, BGB AT, § 2 Rn. 99; *Haedicke*, JuS 2001, 966, 969 f.; *Neuner*, BGB AT, § 10 Rn. 32 u. 41.

[330] Vgl. *Brinkmann*, Kreditsicherheiten an beweglichen Sachen und Forderungen, 233; *Jahnke*, ZZP 93 (1980), 43, 49; BeckOGK BGB/*Lieder*, § 398 Rn. 3 ff. u. 118.1.

[331] Allgemein *Möllers*, Juristische Methodenlehre, § 9 Rn. 33 ff.; kritisch gegenüber der Maxime ‚in dubio pro libertate' *Neuner*, ZfPW 2022, 257, 276 ff.

[332] Vgl. *Bork*, BGB AT, § 17 Rn. 662 f.; MünchKommBGB/*Busche*, vor § 145 Rn. 24 ff.; HK-BGB/*Dörner*, vor §§ 145 ff. Rn. 3 ff.; *Haedicke*, JuS 2001, 966, 970; BeckOGK BGB/*Möslein*, § 145 Rn. 44 ff.; *Musielak*, JuS 2017, 949, 951 f.; *Neuner*, BGB AT, § 20 Rn. 56; *ders.*, ZfPW 2022, 257, 277 f.; *C. Paulus/Zenker*, JuS 2001, 1; *Petersen*, JURA 2011, 184, 186; *Stadler*, BGB AT, § 3 Rn. 15.

[333] Siehe dazu bereits Kapitel 4 § 5 u. Kapitel 5 § 3.

Fazit

Ein einheitlicher Bestimmtheitsgrundsatz im Privatrecht, der die Frage der Bezeichnungsgenauigkeit bzw. den Inhalt eines Rechtsgeschäfts oder einer Prozesshandlung rechtsgebietsübergreifend festlegt, kann nicht ausgemacht werden. Dies ist zentral der Einsicht geschuldet, dass Prozessrecht und materielles Recht durch eigenständige Wertungen geprägt sind, die sich auch auf die Frage der Bestimmtheit auswirken. Was dies betrifft, existieren mindestens zwei Stufen von Bestimmtheit; die Unterscheidung zwischen Verpflichtungs- und Verfügungsgeschäften hinzuaddiert, erhöht sich die Anzahl der Stufen auf drei. Die Studie hat allerdings auch gezeigt, dass bei Verfügungen unterschiedliche Anforderungen an die Bestimmtheit existieren, die zuvörderst Motiven geschuldet sind, welche mit der Frage der Bezeichnungsgenauigkeit wenig zu tun haben. Insoweit würde die Herstellung eines Gleichlaufs nicht nur Kosten reduzieren, sondern auch den Bestimmtheitsgrundsatz von Zwecken befreien, die effektiver von anderen Rechtsinstituten bzw. -gebieten erfüllt werden können.

Zusammenfassung der wesentlichen Ergebnisse in Thesenform

A. Bestimmtheit im Recht der vertraglichen Schuldverhältnisse

1. Jedes vertragliche Schuldverhältnis bedarf gewisser vom Gesetz vorgegebener Mindestanforderungen. Es steht nicht allein im Willen der Parteien, eine rechtsgeschäftliche Bindung zu begründen; der vertragliche Mindestinhalt steht nicht gänzlich zur Disposition der Parteien.

2. Allgemeine inhaltliche Mindestvorgaben für vertragliche Schuldverhältnisse sind die Identität der Vertragsparteien sowie deren Stellung als Gläubiger oder Schuldner. Zusätzlich müssen sich die Parteien darüber einigen, dass mindestens eine Partei eine Leistung erbringen soll und ob etwaige Leistungen im Gegenseitigkeitsverhältnis stehen sollen. Hinsichtlich der Art der Leistung und des Leistungsumfangs können die §§ 315 ff. BGB herangezogen werden; auch insoweit ist aber eine Übereinkunft erforderlich, dass die Leistung nach Vertragsschluss bestimmt wird und wem das diesbezügliche Bestimmungsrecht zukommen soll.

3. Zur Bestimmung der inhaltlichen Mindestvorgaben sind die allgemeinen Auslegungsgrundsätze des Privatrechts heranzuziehen. Insoweit ergeben sich keine Einschränkungen; ein Rückgriff auf außerhalb des Vertrags liegende Umstände ist daher zulässig.

4. Die Qualität der geschuldeten Leistung ist keine inhaltliche Mindestanforderung; insoweit kann auf § 243 Abs. 1 BGB abgestellt werden.

5. Einer der wesentlichen Unterschiede zwischen einer Gattungs- und einer Stückschuld besteht darin, wer den Vorgang hinsichtlich der Auswahl – aber mitunter auch im Hinblick auf die Beschaffung – des Leistungsgegenstands beherrscht. Bei der Gattungsschuld ist dies der Schuldner, bei der Stückschuld der Gläubiger.

6. Eine Leistungsklage kann sowohl bei einer Stückschuld als auch bei einer Gattungsschuld direkt auf Erfüllung erhoben werden. Die Vollstreckung zur Herausgabe vertretbarer Sachen vollzieht sich analog zur Herausgabe beweglicher Sachen durch Wegnahme des Gerichtsvollziehers und Aushändigung an den Gläubiger.

7. Die Herausgabevollstreckung beweglicher unvertretbarer Sachen richtet sich nach § 264 Abs. 1 BGB analog; mithin kann der Gläubiger die Zwangsvollstreckung auf einen bestimmten Leistungsgegenstand richten. Insoweit kommt es

zu einer Herrschaftsverlagerung über den Vorgang hinsichtlich der Auswahl des Leistungsgegenstands zugunsten des Gläubigers.

B. Bestimmheit von Gestaltungserklärungen

8. Auch Gestaltungsrechte unterliegen allgemeinen inhaltlichen Mindestanforderungen. Diese decken sich im Wesentlichen mit den Voraussetzungen, die für vertragliche Schuldverhältnisse gelten. Neben der Identifizierbarkeit der Parteien müssen das einzuwirkende Rechtsgeschäft und der Umstand, dass das Gestaltungsrecht ausgeübt wird – etwa mittels Angabe des mit der Ausübung des Gestaltungsrechts verbundenen Ziels –, ermittelbar seien. Hingegen kommt der Maßgabe, bei der Ausübung von Gestaltungsrechten müsse die beabsichtigte Rechtsänderung klar und unzweideutig zum Ausdruck gebracht werden (Eindeutigkeitskriterium), schon praktisch keine Bedeutung zu; auf das Eindeutigkeitskriterium kann daher verzichtet werden.
9. Hinsichtlich der Ermittlung der inhaltlichen Mindestanforderungen gelten die allgemeinen Auslegungsgrundsätze des Privatrechts.
10. Eine generelle (Wirksamkeits)Voraussetzung, dass dem Gestaltungsgegner die tatsächlichen Umstände, auf die die Ausübung des Gestaltungsrechts gestützt wird, zwingend mittzuteilen sind (Begründungserfordernis), lässt sich dem BGB nicht entnehmen; die für ein generelles Begründungserfordernis angeführten Argumente können nicht überzeugen. Insbesondere bedarf entgegen der überwiegenden Auffassung die Anfechtung wegen Willensmängeln (§§ 119 ff. BGB) keiner Begründung.
11. Vielmehr sind dem Gestaltungsgegner auf dessen Verlangen die das Gestaltungsrecht tragenden Gründe unverzüglich mitzuteilen; § 626 Abs. 2 S. 3 BGB ist im Hinblick auf Gestaltungsrechte, die sich indifferent hinsichtlich eines Begründungserfordernisses verhalten, analog anzuwenden. Sollte der Inhaber des Gestaltungsrechts dieser Pflicht nicht oder nur unzureichend nachkommen, steht dem Gestaltungsgegner ein Schadensersatzanspruch zu.

C. Bestimmtheit im Sachenrecht

12. Historischer Ausgangspunkt des sachenrechtlichen Bestimmtheitsgrundsatzes bildet die Entscheidung des Gesetzgebers, absolute Positionen an nicht näher konkretisierten Sachgesamtheiten, die nach der Verkehrsauffassung nicht zusammengehören, die Anerkennung zu versagen. Sachenrechtliche Positionen sind nur an individuellen körperlichen Gegenständen möglich (Spezialitätsprinzip). Daher ist auch bei sachenrechtlichen Verfügungen eine eindeutige Spezifikation des Gegenstands erforderlich; der sachenrechtliche Bestimmtheitsgrundsatz ist mithin eine Folge des Spezialitätsprinzips.

13. Im Sachenrecht ist die Frage, mit welcher Genauigkeit das Verfügungsgeschäft zu präzisieren ist, primär auf den Verfügungsgegenstand bezogen; die Identifikation der Parteien und der Umstand der Verfügung wird in aller Regel schon von den schuldrechtlichen Mindestanforderungen verlangt. Zentral kommt das Bestimmtheitsgebot bei Übereignungen nach den §§ 930f. BGB zum Tragen; die Übergabe kann in diesen Konstellationen nicht als Mittel zur Konkretisierung des Verfügungsgegenstands herangezogen werden.

14. Vor diesem Hintergrund greif die Rechtsprechung im Rahmen der §§ 930f. BGB auf die Formel zurück, dass die zu übereignenden Gegenstände im Zeitpunkt der Einigung so genau zu bezeichnen sind, dass jeder Dritte allein anhand der zwischen den Parteien getroffenen Vereinbarung ohne Schwierigkeiten feststellen können müsse, an welchen konkreten Sachen das Eigentum übergehen soll (Drittbeobachtungsformel). Auf außerhalb der schuldrechtlichen und dinglichen Einigung liegende (außervertragliche) Umstände könne dabei nicht zurückgegriffen werden. Die Verwendung von Gattungs- bzw. Sammelbezeichnungen ist allerdings zulässig.

15. Als Rechtfertigung für diese strengen Anforderungen wird landläufig auf das Anliegen verwiesen, Unsicherheiten im Hinblick auf die Eigentumslage zu vermeiden. Dass für Dritte klar erkennbar seien müsse, welche Objekte den Gegenstand der Verfügung bilden, soll ferner einer Aushöhlung der Insolvenzmasse und Unklarheiten bei der Zwangsvollstreckung entgegenwirken.

16. Die von der Rechtsprechung herangezogene Formel kann nicht überzeugen; im Mobiliarsachenrecht lassen sich Voraussetzungen, die über die für das Sachenrecht geltenden Mindestanforderungen hinausgehen, nicht begründen. Insbesondere die Drittbeobachtungsklausel ist reinen Publizitätserwägungen geschuldet – insoweit kann es nur darum gehen, die Teilnehmer des Rechtsverkehrs über die Verfügung zu informieren und sie in die Lage zu versetzen, entsprechende (Schutz)Vorkehrungen zu treffen. Ein allgemeines Publizitätsprinzip ist dem BGB allerdings fremd. Hinzu kommt, dass außenstehenden Dritten in aller Regel auch kein Einsichtsrecht in die zwischen den Verfügenden getroffene Abrede zusteht. Daher können derartige Anforderungen an die Bestimmtheit einen Schutz außenstehender Dritte schon gar nicht erreichen. Vielmehr wird Schutz vor gläubigerbenachteiligenden Handlungen in erster Linie von entsprechenden Bestimmungen der InsO bzw. des AnfG gewährleistet.

17. Im Immobilarsachenrecht kann im Rahmen der materiell-rechtlichen Einigung nach §§ 873, 925 BGB das Grundstück sowohl anhand außerhalb des Grundbuchs als auch anhand außerhalb der (dinglichen bzw. schuldrechtlichen) Einigung liegender Umstände identifiziert werden. Nur im Grundbuchverfahrensrecht ist das Grundstück in Übereinstimmung mit dem Grundbuch oder durch Hinweis auf das Grundbuchblatt zu bezeichnen, vgl. § 28 S. 1 GBO.

18. Zentraler Inhalt des sachenrechtlichen Bestimmtheitsgrundsatzes sollte daher allein die Vorgabe sein, dass (überhaupt) die dingliche Rechtsänderung – auch mittels rechtlicher Unterscheidungskriterien wie der Eigentumslage – ermittelt werden kann. Auf den damit verbundenen Aufwand kann es dabei ebenso wenig ankommen, wie die von der Rechtsprechung herangezogene Drittbeobachtungsformel. Daher dürfen zur Identifikation des Verfügungsgegenstands auch außervertragliche Umstände herangezogen werden.

D. Bestimmtheit bei der Übertragung von Forderungen

19. Ausgangspunkt des Bestimmtheitsgebots bei der Übertragung von Forderungen ist auch hier die Einsicht, dass ein Herrschaftsrecht an einer nicht näher konkretisierten Forderungsgesamtheit dem BGB fremd ist. Da eine Inhaberschaft nur an einer einzelnen Forderung möglich ist, muss sich auch die Verfügung auf individualisierte Forderungen beziehen.

20. Die Entwicklung der Bestimmtheitsanforderungen nahm ihren Ausgangspunkt bei der Zession künftiger Forderungen. So müssen künftige Forderungen (nunmehr) im Zeitpunkt ihrer Entstehung bestimmbar sein.

21. Zur Ermittlung der Bestimmbarkeit ist zentral, ob die den Gegenstand des Verfügungsgeschäfts bildende Forderung (überhaupt) ermittelt werden kann. Dabei gelten die allgemeinen im Rahmen der Vertragsauslegung geltenden Grundsätze; ein Rückgriff auf außerhalb des Zessionsvertrags liegende Umstände ist daher möglich.

22. Maßgeblich für die Bestimmbarkeit soll landläufig auch die Perspektive des Forderungsschuldners sein. Die Perspektive des Forderungsschuldners mit für maßgeblich zu erklären, kann allerdings nicht überzeugen. Im Ergebnis handelt es sich um ein rein schuldnerschützendes Element. Schuldnerschutz wird bei der Übertragung von Forderungen zentral von dem ausdifferenzierten System der §§ 404, 406 ff. BGB verwirklicht; ein zusätzliches Maß an Schutz bzw. Transparenz ist darüber hinaus nicht erforderlich. Für die Frage der Bezeichnungsgenauigkeit sollte daher allein das Verhältnis zwischen Zedent und Zessionar maßgeblich sein.

E. Bestimmtheit im Erkenntnisverfahren

23. Zentrale Bedeutung für die hiesige Studie kommt dem Erfordernis zu, dass die Klageschrift einen bestimmten Antrag enthalten muss, § 253 Abs. 2 Nr. 2 ZPO. Insoweit gelten je nach Klageart und Inhalt des Rechtsschutzbegehrens unterschiedliche Anforderungen. Ausnahmen von dem Bestimmtheitsgebot können sich aus prozessualen Gründen – Recht des Klägers auf effektiven Rechtsschutz,

Stufenklage – oder materiell-rechtlichen Gründen – Unmöglichkeit oder Unzumutbarkeit der Bezifferung – ergeben.

24. Zweck der von § 253 Abs. 2 ZPO an den Inhalt der Klageschrift gestellten Bestimmtheitsanforderungen ist zum einen der Schutz des Beklagten (subjektive Komponente), zum anderen das allgemeine öffentliche Interesse, sicherzustellen, dass nur Klagen mit präzisem Inhalt erhoben werden (objektive Komponente). So soll der Beklagte frühzeitig über den Inhalt des klägerischen Begehrens informiert werden und die Klageschrift als Grundlage für seine Verteidigung heranziehen können. Aus prozessökonomischer Perspektive gilt es, eine ungerechtfertigte bzw. unnötige Inanspruchnahme von Justizressourcen zu verhindern: Dies trifft nicht nur hinsichtlich der Ermittlung des klägerischen Begehrens, sondern auch auf den Erlass nicht vollstreckbarer Urteile zu. Zudem soll über den Streitgegenstand (möglichst) vollumfänglich im Erkenntnisverfahren entschieden werden.

25. Der von § 253 Abs. 2 ZPO festgelegte Mindestinhalt muss sich aus der Klageschrift selbst entnehmen lassen; die Heranziehung von außerhalb der Klageschrift liegende Umstände kommt nicht in Betracht. Dies fordert einerseits die subjektive Komponente des § 253 Abs. 2 ZPO; andererseits steht hier das Bestimmtheitsgebot in Zusammenhang mit dem Beibringungsgrundsatz und der Dispositionsmaxime. So ist eine Stoffermittlung von Amts wegen dem deutschen Zivilprozess grundsätzlich fremd; auch ist das Gericht nur befugt, einer Partei etwas zuzusprechen, was beantragt wurde, § 308 Abs. 1 ZPO.

F. Bestimmtheit im Vollstreckungsverfahren

26. Im Tenor sind sowohl Vollstreckungsschuldner und -gläubiger genau zu bezeichnen als auch Art und Umfang der zu vollstreckenden Leistung inhaltlich präzise anzugeben. Nur in Konstellationen, in denen ein unbestimmter Antrag ausnahmsweise zulässig ist und auch eine Konkretisierung durch das Erkenntnisgericht nicht erfolgen kann, ist der Titel zwingend im Vollstreckungsverfahren zu präzisieren.

27. Hintergrund des vollstreckungsrechtlichen Bestimmtheitsgebots ist die gesetzgeberische Entscheidung, zwischen Erkenntnis- und Vollstreckungsverfahren zu trennen. Während die materielle Rechtslage im Erkenntnisverfahren geprüft wird, kommt es im Vollstreckungsverfahren (idealiter) nur auf formelle Voraussetzungen an (Formalisierung der Zwangsvollstreckung). Entsprechende Bestimmtheitsanforderungen an den Titel können verhindern, dass Entscheidungen des Erkenntnisverfahrens in das Vollstreckungsverfahren verlagert werden. Insoweit besteht ein Zusammenhang zum Bestimmtheitsgebot im Erkenntnisverfahren: Dem Erfordernis „bestimmte[r] Antrag“ kommt auch die Funktion zu, unmittelbar die Vollstreckung zu ermöglichen. Hinzu kommt eine

subjektive Dimension: Der Schuldner soll genau wissen, was er zu tun bzw. zu unterlassen hat.

28. Der Titel muss daher das Vollstreckungsorgan in die Lage versetzen, allein auf Grundlage des Urteils die Vollstreckung durchzuführen. Im Rahmen der Auslegung des Titels darf das Vollstreckungsorgan bei einem Urteil nur den Tenor, den Tatbestand und die Entscheidungsgründe berücksichtigen; auf außerhalb des Titels liegende Umstände darf grundsätzlich nicht zurückgegriffen werden. Das „eigentliche" Vollstreckungsverfahren stellt für die Berücksichtigung derartiger Umstände keinen geeigneten rechtsförmlichen Rahmen zur Verfügung.

G. Der Bestimmtheitsgrundsatz im Privatrecht

29. Das Prozessrecht stellt im Grundsatz strengere Anforderungen an die Bestimmtheit, als dies im materiellen Recht der Fall ist. Deutlich wird dies insbesondere bei der Frage, dass im Rahmen der Auslegung auf außerhalb der Klageschrift bzw. des Titels liegende Umstände nicht zurückgegriffen werden darf.

30. Eine Angleichung der strengeren Vorgaben des Prozessrechts an die laxeren Vorgaben des materiellen Rechts kann nicht überzeugen. Spezielle Wertungen bzw. Charakteristika rechtfertigen eine unterschiedliche Behandlung. Einerseits gilt es, den Beklagten in die Lage zu versetzen, seine Verteidigungsrechte zu wahren; andererseits tragen strenge Anforderungen an die Bestimmtheit im Prozessrecht dazu bei, staatliche Justizressourcen zu schonen.

31. Auch eine Angleichung des materiellen Rechts an die strengeren Vorgaben des Prozessrechts ist nicht angezeigt. So könnten strengere Anforderungen an die Bestimmtheit zwar zur Folge haben, dass sich Positionen leichter durchsetzen lassen. Dabei handelt es sich allerdings um eine Frage der prozessualen Realisierungswahrscheinlichkeit, die auf Ebene des materiellen Rechts grundsätzlich keine Rolle spielt. Im Übrigen ist generell zu bezweifeln, dass strenge Anforderungen an die Bestimmtheit auf Ebene des materiellen Rechts tatsächlich einen kostensenkenden Effekt bewirken; im materiellen Recht fehlt es an tauglichen Kriterien, anhand derer abstrakt zwischen zulässiger Bestimmtheit und unzulässiger Unbestimmtheit unterschieden werden kann.

32. Vielmehr ist eine Harmonisierung innerhalb des materiellen Rechts angezeigt. So sollte generell davon Abstand genommen werden, die Ausübung von Gestaltungsrechten begründen zu müssen.

33. Eine grundsätzliche Angleichung der schuldvertraglichen an die sachenrechtliche Lage scheitert zwar aufgrund des Spezialitätsprinzips. Anders sieht es hingegen hinsichtlich der Anforderungen an die Bezeichnungsgenauigkeit des Verfügungsobjekts im Sachenrecht und bei den §§ 398 ff. BGB aus. Die un-

terschiedlichen Formulierungen – Bestimmtheit im Sachenrecht und Bestimmbarkeit im Rahmen der Forderungsabtretung – sind mehr den unterschiedlichen Verfügungsobjekten geschuldet; in der Sache sind damit keine unterschiedlichen Bestimmtheitsanforderungen verbunden.

34. Zudem sollte innerhalb der Verfügungsgeschäfte von Voraussetzungen, die über die allgemeinen Mindestanforderungen hinausgehen, Abstand genommen werden. In concreto trifft dies auf die im Rahmen des Mobiliarsachenrechts gebräuchliche Drittbeobachtungsformel sowie die bei der Abtretung von Forderungen mit herangezogene Perspektive des Forderungsschuldners zu. Auch sollten außervertragliche Umstände zur Ermittlung der zwischen den Parteien getroffenen Einigung generell berücksichtigungsfähig seien.

Literaturverzeichnis

Adolphsen, Jens, Parteibegriff – Prozessrecht und materielles Recht –, ZZP 135 (2022), 299–334.

Ahrens, Hans-Jürgen, Beseitigungsvollstreckung nach § 890 ZPO, in: Althammer, Christoph/Schärtl, Christoph (Hrsg.), FS für Herbert Roth, Tübingen 2021, 577–589.

Alexy, Robert, Theorie der Grundrechte, Frankfurt am Main 1986.

Althammer, Christoph, Althammer, Streitgegenstand und Interesse – Eine zivilprozessuale Studie zum deutschen und europäischen Streitgegenstandsbegriff, Tübingen 2012 (zitiert: *Althammer*, Streitgegenstand und Interesse).

Althammer, Christoph, Mindeststandards und zentrale Verfahrensgrundsätze im deutschen Recht, in: Weller, Matthias/Althammer, Christoph (Hrsg.), Mindeststandards im europäischen Zivilprozessrecht, Tübingen 2015, S. 3–29.

Althammer, Christoph, Postmoderne Entwicklungen im Zivilprozessrecht, in: Berger, Christian/Boemke, Burkhard/Gaul, Hans Friedhelm/Haertlein, Lutz/Heiderhoff, Bettina/Schilken, Eberhard (Hrsg.), FS für Ekkehard Becker-Eberhard, München 2022, S. 15–27.

Altmeppen, Holger, Kernbereichslehre, Bestimmtheitsgrundsatz und Vertragsfreiheit in der Personengesellschaft, NJW 2015, 2065–2071.

Auer, Marietta, Der privatrechtliche Diskurs der Moderne, Tübingen 2014.

Baldus, Christian/*Schmidt-Kessel*, Martin, Prozessuale Behandlung des Wegfalls der Geschäftsgrundlage nach neuem Recht, NJW 2002, 2076–2078.

Bartels, Klaus/*Sajnovits*, Alexander, Die Rolle der Beschaffung beim Gattungskauf – Zugleich ein Beitrag zur exekutorischen Durchsetzbarkeit von Beschaffungsansprüchen aus Leerverkäufen –, JZ 2014, 322–330.

Baur, Fritz/*Stürner*, Rolf/*Bruns*, Alexander, Zwangsvollstreckungsrecht, 14. Aufl., Heidelberg 2022.

Baur, Jürgen F./*Stürner*, Rolf, Sachenrecht, 18. Aufl., München 2009.

Becker, Michael, Gestaltungsrecht und Gestaltungsgrund, AcP 188 (1988), 24–68.

Becker, Udo, Schutz des Drittschuldners vor ungerechtfertigter Inanspruchnahme durch Vollstreckungsgläubiger und Vollstreckungsschuldner, in: Heinrich, Christian (Hrsg.), FS für Hans-Joachim Musielak, München 2004, S. 51–76.

beck-online.GROSSKOMMENTAR BGB, Gsell, Beate/Krüger, Wolfgang/Lorenz, Stephan/Reymann, Christoph (Gesamtherausgeberschaft für das Zivilrecht), Stand: 01.12.2023, München 2023 (zitiert: BeckOGK BGB/*Bearbeiter*).

Beck'scher Online-Kommentar BGB, Hau, Wolfgang/Poseck, Roman (Hrsg.), 68. Edition, Stand 01.11.2023, München 2023 (zitiert: BeckOK BGB/*Bearbeiter*).

Beck'scher Online-Kommentar ZPO, Vorwerk, Volkert/Wolf, Christian (Hrsg.), 51. Edition, Stand: 01.12.2023, München 2023 (zitiert: BeckOK ZPO/*Bearbeiter*).

Berner, Felix, Der normative Gehalt der Prozessökonomie im Zivilprozess, ZZP 136 (2023), 23–56.

Bettermann, Karl August, Hundert Jahre Zivilprozeßordnung – Das Schicksal einer liberalen Kodifikation, ZZP 91 (1978), 365–397.

Bettinger, Nicole Jasmin, Prozessmodelle im Zivilverfahrensrecht, Tübingen 2016.

Biehl, Björn, Grundsätze der Vertragsauslegung, JuS 2010, 195–200.

Bielefeld, Benedikt, Anforderungen an die Übereignung beweglicher Sachen nach § 931 BGB – zugleich ein Beitrag zur Lehre von der Anspruchsnormenkonkurrenz, ZfPW 2021, 457–481.

Böhringer, Walter, Die Auslegung von Grundbuch-Verfahrenserklärungen, Rpfleger 1988, 389–393.

Bork, Reinhard, Anfechtung als Kernstück der Gläubigergleichbehandlung, ZIP 2014, 797–810.

Bork, Reinhard, Allgemeiner Teil des Bürgerlichen Gesetzbuchs, 4. Aufl., Tübingen 2016 (zitiert: *Bork*, BGB AT).

Braun, Johann, Grundlagen des zivilprozessualen Diskurses – Individualisierung und Substantiierung der Klage, Substantiierung der Klageerwiderung, prozessuale Auskunfts- und Beweismitteloffenbarungspflicht, ZZP 133 (2020), 271–317.

Brehm, Wolfgang, Anmerkung zu BGH III ZR 215/88, JZ 1990, 394–396.

Brinkmann, Moritz, Kreditsicherheiten an beweglichen Sachen und Forderungen – Eine materiell-, insolvenz- und kollisionsrechtliche Studie des Rechts der Mobiliarsicherheiten vor dem Hintergrund internationaler und europäischer Entwicklungen, Tübingen 2011 (zitiert: *Brinkmann*, Kreditsicherheiten an beweglichen Sachen und Forderungen).

Brox, Hans/*Walker*, Wolf-Dietrich, Zwangsvollstreckungsrecht, 12. Aufl., München 2021.

Bruns, Alexander, Der Zivilprozess zwischen Rechtsschutzgewährleistung und Effizienz, ZZP 124 (2011), 29–43.

Bruns, Alexander, Maximendenken im Zivilprozessrecht – Irrweg oder Zukunftschance?, in: Bruns, Alexander/Münch, Joachim/Stadler, Astrid, Die Zukunft des Zivilprozesses, Tübingen 2014, S. 53–67.

Büdenbender, Ulrich, Begründung von Gestaltungsrechten als Wirksamkeitsvoraussetzung?, AcP 210 (2010), 611–653.

Busche, Jan, Privatautonomie und Kontrahierungszwang, Tübingen 1999.

Canaris, Claus-Wilhelm, Anmerkung zu BGH IX ZR 66/83, NJW 1984, 2281–2282.

Canaris, Claus-Wilhelm, Der Schutz obligatorischer Forderungen nach § 823 I BGB, in: Deutsch, Erwin/Klingmüller, Ernst/Kullmann, Hans Josef (Hrsg.), FS für Erich Steffen, Berlin 1995, S. 85–99.

Canaris, Claus-Wilhelm, Wandlungen des Schuldvertragsrechts – Tendenzen zu seiner „Materialisierung“, AcP 200 (2000), 273–364.

Canaris, Claus-Wilhelm, Die Einstandspflicht des Gattungsschuldners und die Übernahme eines Beschaffungsrisikos nach § 276 BGB, in: Bucher, Eugen/Canaris, Claus-Wilhelm/Honsell, Heinrich/Koller, Thomas (Hrsg.), FS für Wolfgang Wiegand, Bern 2005, S. 179–254.

Casper, Matthias, Der Optionsvertrag, Tübingen 2005.

Chase, Oscar G., Legal Processes and National Culture, 5 Cardozo J. Int'l & Comp. L. 1–24 (1997).

Dawson, John P., The Oracles of the Law, Ann Arbor 1968.

Diederichsen, Uwe, Der logische Dissens, in: Wilke, Dieter (Hrsg.), FS zum 125jährigen Bestehen der Juristischen Gesellschaft zu Berlin, Berlin 1984, S. 81–100.

Dörner, Heinrich, Kondiktion gegen den Zedenten oder gegen den Zessionar?, NJW 1990, 473–477.

Dreher, Eduard, Bestimmtheit und Bestimmbarkeit des Gegenstandes bei Übereignung und Abtretung – Ein Beitrag zur Rechtsprechung des Reichsgerichts, AcP 138 (1934), 350–372.

Durantaye, Katharina de la, Erklärung und Wille, Tübingen 2020.

Dworkin, Ronald, Bürgerrechte ernstgenommen, Frankfurt am Main 1984.

Erath, Bestimmtheit des Leistungsgegenstandes bei Sicherungsübereignung von Sachgesamtheiten, AcP 128 (1928), 344–353.

Erman, Bürgerliches Gesetzbuch, Westermann, Harm Peter/Grunewald, Barbara/Maier-Reimer, Georg (Hrsg.), 17. Aufl., Köln 2023 (zitiert: Erman BGB/*Bearbeiter*).

Ernst, Wolfgang, Eigenbesitz und Mobiliarerwerb, Tübingen 1992.

Feuerborn, Andreas, Der Bestimmtheitsgrundsatz bei der Übereignung von Sachgesamtheiten – Lockerungstendenzen in der neueren Rechtsprechung, ZIP 2001, 600–603.

Fikentscher, Wolfgang/*Heinemann*, Andreas, Schuldrecht, 12. Aufl., Berlin 2022.

Flume, Werner, Allgemeiner Teil des Bürgerlichen Rechts, Zweiter Band: Das Rechtsgeschäft, 3. Aufl., Berlin 1979 (zitiert: *Flume*, AT II).

Freitag, Robert, „Specific performance“ und „causa-Lehre“ über alles im Recht des Vorvertrags?, AcP 207 (2007), 287–313.

Fritzsche, Jörg, Unterlassungsanspruch und Unterlassungsklage, Berlin 2000.

Füller, Jens T., Eigenständiges Sachenrecht?, Tübingen 2006.

Gaier, Reinhard, Der moderne liberale Zivilprozess, NJW 2013, 2871–2876.

Gaier, Reinhard, Erweiterte Prozessleitung im zivilgerichtlichen Verfahren – Strukturierung und Abschichtung nach § 139 I 3 ZPO, NJW 2020, 177–182.

Gaul, Hans Friedhelm, Zur Frage nach dem Zweck des Zivilprozesses, AcP 168 (1968), 27–62.

Gaul, Hans Friedhelm, Zur Struktur der Zwangsvollstreckung, Rpfleger 1971, 1–10.

Gaul, Hans Friedhelm, Zur Struktur der Zwangsvollstreckung (III), Rpfleger 1971, 81–93.

Gaul, Hans Friedhelm/*Schilken*, Eberhard/*Becker-Eberhard*, Ekkehard, Zwangsvollstreckungsrecht, 12. Aufl., München 2010.

Gehrlein, Markus, Die Wirksamkeit einer Sicherungsübereignung, MDR 2008, 1069–1075.

Geiben, Nikolaus, Der Vorvertrag im Internationalen Privatrecht – Unter besonderer Berücksichtigung des Immobilienerwerbs im portugiesischen und brasilianischen Recht, Frankfurt am Main 2007 (zitiert: *Geiben*, Der Vorvertrag im Internationalen Privatrecht).

Gerhardt, Walter, Die Handlungsvollstreckung – eine Bestandsaufnahme über Befund und Entwicklungstendenzen –, in: Canaris, Claus-Wilhelm/Heldrich, Andreas/Hopt, Klaus J./ Roxin, Claus/Schmidt, Karsten/Widmaier, Gunter, FS 50 Jahre BGH, Band III, München 2000, S. 463–490.

Goette, Wulf/*Goette*, Maximilian, Mehrheitsklauseln im Personengesellschaftsrecht, DStR 2016, 74–84.

Gomille, Christian, Informationsproblem und Wahrheitspflicht – Ein Aufklärungsmodell für den Zivilprozess, Tübingen 2016 (zitiert: *Gomille*, Informationsproblem und Wahrheitspflicht).

Greger, Reinhard, Vom „Kampf ums Recht" zum Zivilprozeß der Zukunft, JZ 1997, 1077–1083.

Grigoleit, Christian, Abstraktion und Willensmängel – Die Anfechtbarkeit des Verfügungsgeschäfts, AcP 199 (1999), 379–420.

Grüneberg, Bürgerliches Gesetzbuch mit Nebengesetzen, 82. Aufl., München 2023 (zitiert: Grüneberg/*Bearbeiter*).

Grunewald, Barbara, Die Auslegung von Gesellschaftsverträgen und Satzungen, ZGR 1995, 68–92.

Gsell, Beate, Die Beweislast für den Inhalt der vertraglichen Einigung, AcP 203 (2003), 119–141.

Gursky, Karl-Heinz, Die neuere höchstrichterliche Rechtsprechung zum Mobiliarsachenrecht – Teil 1, JZ 1997, 1094–1104.

Haedicke, Maximilian, Der bürgerlich-rechtliche Verfügungsbegriff, JuS 2001, 966–973.

Hahn, Carl, Die gesamten Materialien zu den Reichs-Justizgesetzen, Band 2, Materialien zur Zivilprozeßordnung, Neudruck der 2. Aufl. Berlin 1881, Aalen 1983 (zitiert: *Hahn*, Die gesamten Materialien zu den Reichs-Justizgesetzen).

Handkommentar Bürgerliches Gesetzbuch, Schulze, Reiner (Schriftleitung), 11. Aufl., Baden-Baden 2022 (zitiert: HK-BGB/*Bearbeiter*).

Hartmann, Felix, Der Anspruch auf das stellvertretende commodum, Tübingen 2007.

Hase, Karl von, Vertragsbindung durch Vorvertrag, Berlin 1999.

Hattenhauer, Christian, Einseitige private Rechtsgestaltung – Geschichte und Dogmatik, Tübingen 2011 (zitiert: *Hattenhauer*, Einseitige private Rechtsgestaltung).

Hau, Wolfgang, Informationsverantwortung im Zivilprozess, ZfPW 2022, 154–176.

Hellgardt, Alexander, Regulierung und Privatrecht – Staatliche Verhaltenssteuerung mittels Privatrecht und ihre Bedeutung für Rechtswissenschaft, Gesetzgebung und Rechtsanwendung, Tübingen 2016 (zitiert: *Hellgardt*, Regulierung und Privatrecht).

Henckel, Wolfram, Prozessrecht und materielles Recht, Göttingen 1970.

Herzog, Nicolas R., Der Vorvertrag im schweizerischen und deutschen Schuldrecht, Zürich 1999.

Hess, Burkhard, Prozessökonomie und Judicial Efficiency – Verfahrensmaximen im Schnittpunkt zwischen nationaler Kodifikation und internationaler Maßstabsbildung –, in: Benicke, Christoph/Huber, Stefan (Hrsg.), FS für Herbert Kronke, Bielefeld 2020, S. 893–905.

Historisch-kritischer Kommentar zum BGB, Schmoeckel, Mathias/Rückert, Joachim/Zimmermann, Reinhard (Hrsg.),

– Band I: Allgemeiner Teil: §§ 1–240, Tübingen 2003,

– Band II: Schuldrecht, Allgemeiner Teil, 2. Teilband: §§ 305–432, Tübingen 2007

(zitiert: HKK-BGB/*Bearbeiter*).

Hoffmann, Jan Felix, Zession und Rechtszuweisung, Tübingen 2012.

Hoffmann, Jan Felix, Zum vermögensrechtlichen Schutz absoluter und relativer Rechtspositionen an der Schnittstelle zum Immaterialgüterrecht, JURA 2014, 71–80.

Hoffmann, Uwe, Abtretung der Hauptforderung und Verzugsschaden, WM 1994, 1464–1466.

Hofmann, Franz, Prozessökonomie – Rechtsprinzip und Verfahrensgrundsatz der ZPO, ZZP 126 (2013), 83–110.

Huber, Ulrich, Savigny und das sachenrechtliche Abstraktionsprinzip, in: Heldrich, Andreas/Prölss, Jürgen/Koller, Ingo (Hrsg.), FS für Claus-Wilhelm Canaris zum 70. Geburtstag, Band I, München 2007, S. 471–512.

Hyckel, Jonas, Wirtschaftlichkeit als Rechtsprinzip – Rechtsstaatliche Grundlagen effizienter Rechtserkenntnis, GVRZ 2020, 5, Rn. 1–84.

Jacoby, Florian, Zivilprozessrecht, 18. Aufl., München 2022.

Jahnke, Volker, Die Durchsetzung von Gattungsschulden, ZZP 93 (1980), 43–66.

Jauernig, Bürgerliches Gesetzbuch, Stürner, Rolf (Hrsg.), 19. Aufl., München 2023 (zitiert: Jauernig/*Bearbeiter*).

Jauernig, Othmar, Materielles Recht und Prozeßrecht, JuS 1971, 329–334.

Jauernig, Othmar, Trennungsprinzip und Abstraktionsprinzip, JuS 1994, 721–727.

Jauernig, Othmar/*Berger*, Christian/*Kern*, Christoph A., Zwangsvollstreckungsrecht, 24. Aufl., München 2021.

Jauernig, Othmar/*Hess*, Burkhard, Zivilprozessrecht, 30. Aufl., München 2011.

Johow, Reinhold, Begründung eines Entwurfs zum Sachenrecht, Teil 1: Allgemeine Bestimmungen, Besitz und Eigentum, Neudruck der Ausgabe Berlin 1880, Berlin 1982 (zitiert: *Johow*, Begründung eines Entwurfs zum Sachenrecht).

Joussen, Jacob, Das Gestaltungsrecht des Dritten nach § 317 BGB, AcP 203 (2003), 429–463.

Jung, Ute, Die Einigung über die „essentialia negotii" als Voraussetzung für das Zustandekommen eines Vertrages, JuS 1999, 28–32.

Kehrberger, Roman F., Die Materialisierung des Zivilprozessrechts – Der Zivilprozess im modernen Rechtsstaat, Tübingen 2019 (zitiert: *Kehrberger*, Die Materialisierung des Zivilprozessrechts).

Kern, Christoph A., Abschied vom dinglichen Vertrag?, in: Bruns, Alexander/Kern, Christoph/Münch, Joachim/Piekenbrock, Andreas/Stadler, Astrid/Tsikrikas, Dimitros (Hrsg.), FS für Rolf Stürner, 1. Teilband, Tübingen 2013, S. 161–176.

Kern, Christoph A., Richterliche Hinweise als Mittel zur Herstellung von Waffengleichheit?, ZZP 136 (2023), 201–219.

Kiehnle, Arndt, Ein „begriffsjuristischer" Vorschlag zu „Globalsicherheiten", JURA 2022, 133–139.

Kindl, Johann/*Meller-Hannich*, Caroline (Hrsg.), Gesamtes Recht der Zwangsvollstreckung, 4. Aufl., Baden-Baden 2021 (zitiert: Kindl/Meller-Hannich/*Bearbeiter*).

Klauer, Julia, Die Bestellung von Pfandrechten an einen Sicherheitentreuhänder, in: Benicke, Christoph/Huber, Stefan (Hrsg.), FS für Herbert Kronke, Bielefeld 2020, S. 1769–1782.

Klöhn, Lars, Minderheitenschutz im Personengesellschaftsrecht – Rechtsökonomische Grundlagen und Perspektiven, AcP 216 (2016), 281–319.

Koch, Raphael, Mitwirkungsverantwortung im Zivilprozess – Ein Beitrag zum Verhältnis von Parteiherrschaft und Richtermacht, zur Wechselwirkung von materiellem Recht und Prozessrecht sowie zur Risikoverteilung und Effizienz im Zivilprozess, Tübingen 2013 (zitiert: *Koch*, Mitwirkungsverantwortung im Zivilprozess).

Köhler, Helmut, Vorvertrag, Optionsvertrag und Festofferte, JURA 1976, 465–470.

Kramer, Ernst A., Anmerkungen zum Konsenserfordernis bei zweiseitig verpflichtenden Verträgen, in: Heldrich, Andreas/Prölss, Jürgen/Koller, Ingo (Hrsg.), FS für Claus-Wilhelm Canaris zum 70. Geburtstag, Band I, München 2007, S. 665–677.

Lange, Heinrich, Lage und Zukunft der Sicherungsübertragung – Eine juristische Überleitungsbilanz, NJW 1950, 565–570.

Laumen, Hans-Willi, Der Grundsatz „nemo tenetur edere contra se" in der Rechtsprechung des Bundesgerichtshofs, in: Brinkmann, Moritz/Effer-Uhe, Daniel/Völzmann-Stickelbrock, Barbara/Wesser, Sabine/Weth, Stephan (Hrsg.), FS für Hanns Prütting, Köln 2018, S. 391–400.

Leenen, Detlef, Abschluß, Zustandekommen und Wirksamkeit eines Vertrages – zugleich ein Beitrag zur Lehre vom Dissens –, AcP 188 (1988), 381–418.

Leipold, Dieter, Zivilprozeßrecht und Ideologie – am Beispiel der Verhandlungsmaxime –, JZ 1982, 441–448.

Lent, Friedrich, Die Notwendigkeit einer Begründung bei Ausübung von Gestaltungsrechten, AcP 152 (1952/53), 401–419.

Lessmann, Herbert, Nachschieben von Gründen und Arglisteinrede bei verspäteter Anfechtung wegen arglistiger Täuschung – BGH, NJW 1969, 604, JuS 1970, 504–506.

Leverenz, Kent, Die Gestaltungsrechte des Bürgerlichen Rechts, JURA 1996, 1–9.

Lieder, Jan, Die rechtsgeschäftliche Sukzession – Eine methodenpluralistische Grundlagenuntersuchung zum deutschen Zivilrecht und Zivilprozessrecht sowie zum Internationalen und Europäischen Privatrecht, Tübingen 2015 (zitiert: *Lieder*, Die rechtsgeschäftliche Sukzession).

Lindacher, Walter F., Gedanken zur wettbewerbsrechtlichen „Kernlehre“, in: Stamm, Jürgen (Hrsg.), FS für Helmut Rüßmann, Saarbrücken 2013, S. 567–572.

Lippross, Otto-Gerd/*Bittmann*, David-Christoph, Zwangsvollstreckungsrecht, 13. Aufl., München 2021.

Lobach, Quincy C., Inhalt und Grenzen des Erfüllungsanspruchs – Eine rechtsvergleichende Untersuchung zum deutschen, niederländischen und englischen Recht, Tübingen 2022 (zitiert: *Lobach*, Inhalt und Grenzen des Erfüllungsanspruchs).

Lobinger, Thomas, Der Anspruch auf das Fehlersurrogat nach § 281 BGB – BGHZ 114, 34, JuS 1993, 453–460.

Lobinger, Thomas, Rechtsgeschäftliche Verpflichtung und autonome Bindung – zu den Entstehungsgründen vermögensaufstockender Leistungspflichten im Bürgerlichen Recht, Tübingen 1999 (zitiert: *Lobinger*, Rechtsgeschäftliche Verpflichtung und autonome Bindung).

Looschelders, Dirk, Schuldrecht Allgemeiner Teil, 21. Aufl., München 2023 (zitiert: *Looschelders*, Schuldrecht AT).

Looschelders, Dirk/*Makowsky*, Mark, Relativität des Schuldverhältnisses und Rechtsstellung Dritter, JA 2012, 721–728.

Lüke, Wolfgang, Zivilprozessrecht I, 11. Aufl., München 2020.

Lüke, Wolfgang, Zivilprozessrecht II, 11. Aufl., München 2021.

Magnus, Robert, Der Rückholanspruch – Die rückwirkende Grenze der Eigentumsfreiheit, Tübingen 2018 (zitiert: *Magnus*, Der Rückholanspruch).

Mankowski, Peter, Beseitigungsrechte – Anfechtung, Widerruf und verwandte Institute, Tübingen 2003 (zitiert: *Mankowski*, Beseitigungsrechte).

Mankowski, Peter, Formzwecke, JZ 2010, 662–668.

Mayer-Maly, Theo, Vertrag und Einigung (Teil I der „Studien zum Vertrag“), in: Dietz, Rolf/Hübner, Heinz (Hrsg.), FS für Hans Carl Nipperdey, Band I, München 1965, S. 509–522.

McGuire, Mary-Rose, Die materielle Prozessleitung zwischen richterlicher Hilfe und staatlicher Bevormundung: § 139 dZPO und §§ 182 f. öZPO im Vergleich, in: Peer, Gundula Maria/Faber, Wolfgang/Auer, Martin/Götzl, Philipp/Heidinger, Albert/Janisch, Sonja/Rüffler, Friedrich/Sprohar-Heimlich, Helga/Stagl, Jakob Fortunat/Waß, Clemens (Hrsg.), Jahrbuch Junger Zivilrechtswissenschaftler 2003, Stuttgart 2004, S. 99–128.

McGuire, Mary-Rose, Mindeststandards und Verfahrensgrundsätze im Recht des Geistigen Eigentums unter europäischem Einfluss, in: Weller, Matthias/Althammer, Christoph (Hrsg.), Mindeststandards im europäischen Zivilprozessrecht, Tübingen 2015, S. 197–220.

Medicus, Dieter, Die konkretisierte Gattungsschuld, JuS 1966, 297–306.

Medicus, Dieter, Die Forderung als „sonstiges Recht“ nach § 823 Abs. 1 BGB?, in: Deutsch, Erwin/Klingmüller, Ernst/Kullmann, Hans Josef (Hrsg.), FS für Erich Steffen, Berlin 1995, S. 333–345.

Medicus, Dieter/*Lorenz*, Stephan, Schuldrecht I, Allgemeiner Teil, 22. Aufl., München 2021 (zitiert: *Medicus/Lorenz*, Schuldrecht I).

Medicus, Dieter/*Petersen*, Jens, Allgemeiner Teil des BGB, 11. Aufl., Heidelberg 2016 (zitiert: *Medicus/Petersen*, BGB AT).

Medicus, Dieter/*Petersen*, Jens, Bürgerliches Recht – Eine nach Anspruchsgrundlagen geordnete Darstellung zur Examensvorbereitung, 29. Aufl., München 2023 (zitiert: *Medicus/Petersen*, Bürgerliches Recht).

Meller-Hannich, Caroline, Streitgegenstand und Vollstreckung bei der Unterlassungsklage, in: Meller-Hannich, Caroline/Haertlein, Lutz/Gaul, Hans-Friedhelm/Becker-Eberhard, Ekkehard (Hrsg.), FS für Eberhard Schilken, München 2015, S. 719–736.

Meller-Hannich, Caroline, Bestimmtheitsgrundsatz bei der Übereignung von Sachgesamtheiten, Anmerkung zu BGH V ZR 174/21, LMK 2023, 810536.

Mes, Peter, Wertsicherung vollstreckbarer Urkunden, NJW 1973, 875–879.

Meyer, Peter, Wandel des Prozessrechtsverständnisses – vom „liberalen" zum „sozialen" Zivilprozess?, JR 2004, 1–6.

Möllers, Thomas M. J., Juristische Methodenlehre, 5. Aufl., München 2023.

Möschel, Wernhard, Unklarheitenregel und sachenrechtlicher Bestimmtheitsgrundsatz bei Kreditsicherungen durch AGB-Banken, NJW 1981, 2273–2277.

Mugdan, Benno (Hrsg.), Die gesamten Materialien zum Bürgerlichen Gesetzbuch für das Deutsche Reich,

- Band 1: Einführungsgesetz und Allgemeiner Teil, Neudruck der Ausgabe Berlin 1899, Aalen 1979 (zitiert: *Mugdan*, Die gesamten Materialien zum BGB, Bd. 1).
- Band 2: Recht der Schuldverhältnisse, Neudruck der Ausgabe Berlin 1899, Aalen 1979 (zitiert: *Mugdan*, Die gesamten Materialien zum BGB, Bd. 2).
- Band 3: Sachenrecht, Berlin 1899 (zitiert: *Mugdan*, Die gesamten Materialien zum BGB, Bd. 3).

Müller, Gottfried, Die Bezeichnung nicht vermessener Grundstücksteilflächen im notariellen Veräußerungsvertrag, DNotZ 1966, 77–86.

Münch, Joachim, Grundfragen des Zivilprozesses – Sinngehalt der Lehre vom Prozeßzweck, in: Bruns, Alexander/Münch, Joachim/Stadler, Astrid, Die Zukunft des Zivilprozesses, Tübingen 2014, S. 5–51.

Münchener Kommentar zum Bürgerlichen Gesetzbuch, Säcker, Franz Jürgen/Rixecker, Roland (Hrsg.), Band 2, Schuldrecht – Allgemeiner Teil, §§ 241–432, 5. Aufl., München 2007 (zitiert: MünchKommBGB/*Bearbeiter*, 5. Aufl.).

Münchener Kommentar zum Bürgerlichen Gesetzbuch, Säcker, Franz Jürgen/Rixecker, Roland, Oetker, Hartmut/Limperg, Bettina (Hrsg.),

- Band 1, Allgemeiner Teil, §§ 1–240, 9. Aufl., München 2021,
- Band 2, Schuldrecht – Allgemeiner Teil I, §§ 241–310, 9. Aufl., München 2022,
- Band 3, Schuldrecht – Allgemeiner Teil II, §§ 311–432, 9. Aufl., München 2022,
- Band 5, Schuldrecht – Besonderer Teil II, §§ 535–630h, 9. Aufl., München 2023,
- Band 8, Sachenrecht, §§ 854–1296, 9. Aufl., München 2023

(zitiert: MünchKommBGB/*Bearbeiter*).

Münchener Kommentar zur Zivilprozessordnung, Krüger, Wolfgang/Rauscher, Thomas (Hrsg.),

– Band 1, §§ 1–354, 6. Aufl., München 2020,

– Band 2, §§ 355–945b, 6. Aufl., München 2020

(zitiert: MünchKommZPO/*Bearbeiter*).

Musielak, Hans-Joachim, Zur Sachverhaltsaufklärung im Zivilprozess – unter besonderer Berücksichtigung der in jüngerer Zeit geschaffenen gesetzlichen Regelungen, in: Greger, Reinhard/Gleussner, Irmgard/Heinemann, Jörn (Hrsg.), FG für Max Vollkommer, Köln 2006, S. 237–255.

Musielak, Hans-Joachim, Vertragsfreiheit und ihre Grenzen, JuS 2017, 949–954.

Musielak, Hans-Joachim/*Voit*, Wolfgang, Zivilprozessordnung, 20. Aufl., München 2023 (zitiert: Musielak/Voit/*Bearbeiter*).

Neuner, Jörg, Pro libertate? – Zur Freiheitsbegünstigung durch Recht und Methodik –, ZfPW 2022, 257–284.

Neuner, Jörg, Allgemeiner Teil des Bürgerlichen Rechts, 13. Aufl., München 2023 (zitiert: *Neuner*, BGB AT).

Nierwetberg, Rüdiger, Die Auslegung des Vollstreckungstitels – auch mithilfe der Klageschrift?, Rpfleger 2009, 201–205.

Osterloh-Konrad, Christine, Der allgemeine vorbereitende Informationsanspruch – Zivilrechtliche Auskunfts- und Rechenschaftsansprüche und ihre Funktion im Zivilprozess, München 2007 (zitiert: *Osterloh-Konrad*, Der allgemeine vorbereitende Informationsanspruch).

Paulus, Christoph G./*Zenker*, Wolfgang, Grenzen der Privatautonomie, JuS 2001, 1–9.

Paulus, Gotthard, Kreditsicherung durch Übertragung von Eigentum und Anwartschaften – Teil II der Abhandlung „Probleme und Möglichkeiten der institutionellen Ausformung der Sicherungsübereignung", JZ 195741–48.

Petersen, Jens, Der Dissens beim Vertragsschluss, JURA 2006, 419–420.

Petersen, Jens, Die Privatautonomie und ihre Grenzen, JURA 2011, 184–186.

Pfeiffer, Thomas, Internationale Zuständigkeit und prozessuale Gerechtigkeit – Die Internationale Zuständigkeit im Zivilprozess zwischen effektivem Rechtsschutz und nationaler Zuständigkeitspolitik, Frankfurt am Main 1995 (zitiert: *Pfeiffer*, Internationale Zuständigkeit und prozessuale Gerechtigkeit).

Picker, Eduard, Positive Forderungsverletzung und culpa in contrahendo – Zur Problematik der Haftungen „zwischen" Vertrag und Delikt, AcP 183 (1983), 369–520.

Pohlmann, Petra, Zivilprozessrecht, 5. Aufl., München 2022.

Pohlmann, Petra/*Schäfers*, Domminik, Zwangsvollstreckungsrecht, München 2021.

Probst, Martin, Zur „Eindeutigkeit" von Anfechtungserklärungen – Kriterien für die Auslegung rechtsgestaltender Willenserklärungen –, JZ 1989, 878–883.

Prütting, Hanns, Die Grundlagen des Zivilprozesses im Wandel der Gesetzgebung, NJW 1980, 361–367.

Prütting, Hanns, Die materielle Prozessleitung, in: Heinrich, Christian (Hrsg.), FS für Hans-Joachim Musielak, München 2004, S. 397–410.

Prütting, Hanns, Formstrenge und prozessuale Billigkeit – einst und jetzt, in: Greger, Reinhard/Gleussner, Irmgard/Heinemann, Jörn (Hrsg.), FG für Max Vollkommer, Köln 2006, S. 283–289.

Prütting/Wegen/Weinreich, Bürgerliches Gesetzbuch, Prütting, Hanns/Wegen, Gerhard/Weinrich, Gerd (Hrsg.), 18. Aufl., Hürth 2023 (zitiert: *PWW*/Bearbeiter).

Reymann, Christoph, Falsa demonstratio und Erwerberverhältnis bei der Auflassung, NJW 2008, 1773–1777.

Riehm, Thomas, Der Grundsatz der Naturalerfüllung, Tübingen 2015.

Riesenhuber, Karl, Privatautonomie – Rechtsprinzip oder „mystifizierendes Leuchtfeuer", ZfPW 2018, 352–368.

Riggert, Rainer, Neue Anforderungen an Raumsicherungsübereignungen?, NZI 2009, 137–140.

Ritzinger, Horst, Der Vorvertrag in der notariellen Praxis, NJW 1990, 1201–1208.

Rödl, Florian, Kollidierende AGB: Vertrag trotz Dissens, AcP 215 (2015), 683–715.

Rosenberg, Leo/*Schwab*, Karl Heinz/*Gottwald*, Peter, Zivilprozessrecht, 18. Aufl., München 2019.

Roth, Herbert, Das Spannungsverhältnis im deutschen Zivilprozeßrecht, in: Gottwald, Peter (Hrsg.), Recht und Gesellschaft in Deutschland und Japan, Köln 2009, 149–177.

Roth, Herbert, Veränderung des Zivilprozessrechts durch „Materialisierung"?, in: Münch, Joachim (Hrsg.), Liber Amicorum für Wolfram Henckel, Tübingen 2015, S. 283–300.

Roth, Herbert, Gewissheitsverluste in der Lehre vom Prozesszweck?, ZfPW 2017, 129–153.

Roth, Herbert, Entwicklung und Reformen der ZPO, JR 2018, 159–167.

Röthel, Anne, Privatautonomie im Spiegel der Privatrechtsentwicklung: ein mystifizierendes Leuchtfeuer, in: Bumke, Christian/Röthel, Anne (Hrsg.), Autonomie im Recht, Tübingen 2017, S. 91–115.

Säcker, Franz Jürgen, Vom deutschen Sachenrecht zu einem europäischen Vermögensrecht, in: Stathopoulos, Michael/Beyes, Kostas/Doris, Philippos/Karakostas, Ioannis (Hrsg.), FS für Apostolos Georgiades, Athen 2006, S. 359–382.

Saenger, Ingo (Hrsg.), Zivilprozessordnung, 10. Aufl., Baden-Baden 2023 (zitiert: Saenger/*Bearbeiter*).

Savigny, Friedrich Karl von, System des heutigen römischen Rechts, Band 1, Neudruck der Ausgabe Berlin 1840, Aalen 1973 (zitiert: *v. Savigny*, System des heutigen römischen Rechts).

Schack, Haimo, Waffengleichheit im Zivilprozess, ZZP 129 (2016), 393–416.

Schäfer, Carsten, Die harte Patronatserklärung – vergebliches Streben nach Sicherheit? – Zum Bestimmtheitsproblem und zur dogmatischen Einordnung –, WM 1999, 153–163.

Schäfer, Carsten, Gesellschaftsrecht, 6. Aufl., München 2023.

Scherer, Inge, Die Auslegung von Willenserklärungen „klaren und eindeutigen“ Wortlauts – BGH – Urt. v. 8.12.1982 – IV a ZR 94/81 –, JURA 1988, 302–305.

Schilken, Eberhard, Probleme der Herausgabevollstreckung, DGVZ 1988, 49–60.

Schilken, Eberhard, Die Geltendmachung des Erfüllungseinwands bei der Handlungs- und Unterlassungsvollstreckung, in: Schilken, Eberhard/Becker-Eberhard, Ekkehard/Gerhardt, Walter (Hrsg.), FS für Hans Friedhelm Gaul, Bielefeld 1997, S. 667–678.

Schilken, Eberhard, Abdankung der Prozessmaximen durch Justizgrundrechte?, ZZP 135 (2022), 153–176.

Schilken, Eberhard/*Brinkmann*, Moritz, Zivilprozessrecht, 8. Aufl., München 2022.

Schmidt, Karsten, Übereignung einer Sachgesamtheit – sachenrechtlicher Bestimmtheitsgrundsatz, JuS 2000, 1118–1119.

Schnauder, Franz, Unterbrechung der Verjährung durch Zustellung eines Mahnbescheids – BGH, NJW 2001, 305, JuS 2001, 1054–1059.

Schöpflin, Martin, Die Verfahrensökonomie – eine Prozessmaxime?, JR 2003, 485–490.

Schreiber, Klaus, Die Verfahrensgrundsätze im Zivilprozess, JURA 2007, 500–505.

Schubert, Werner, Klageantrag und Streitgegenstand bei Unterlassungsklagen, ZZP 85 (1972), 29–51.

Schumann, Ekkehard, Die materiellrechtsfreundliche Auslegung des Prozeßgesetzes, in: Canaris, Claus-Wilhelm/Diederichsen, Uwe (Hrsg.), FS für Karl Larenz, München 1983, S. 571–604.

Schuschke, Winfried, Einige Überlegungen zur Zulässigkeit und zu den Grenzen der sog. „Kerntheorie“ im Rahmen der Unterlassungsvollstreckung, in: Brinkmann, Moritz/Effer-Uhe, Daniel/Völzmann-Stickelbrock, Barbara/Wesser, Sabine/Weth, Stephan (Hrsg.), FS für Hanns Prütting, Köln 2018, S. 785–793.

Schweitzer, Heike, Vertragsfreiheit, Markregulierung, Marktverfassung: Privatrecht als dezentrale Koordinationsordnung, AcP 220 (2020), 544–586.

Schwerdtner, Peter, Globalzession und verlängerter Eigentumsvorbehalt – Zugleich ein Beitrag zur Zulässigkeit von Vorausabtretungen, NJW 1974, 1785–1789.

Serick, Rolf, Eigentumsvorbehalt und Sicherungsübertragung – Die einfache Sicherungsübertragung – Erster Teil, Band II, Heidelberg 1965 (zitiert: *Serick*, Eigentumsvorbehalt und Sicherungsübertragung).

Soergel, Bürgerliches Gesetzbuch mit Einführungsgesetz und Nebengesetzen,

- Band 2, Allgemeiner Teil 2, §§ 104–240, Stuttgart 1999,
- Band 3/2, Schuldrecht 1/2, §§ 243–304, Stuttgart 2014,
- Band 5/3, Schuldrecht 3/3, §§ 328–432, Stuttgart 2010,
- Band 14, Sachenrecht 1, §§ 854–984, Stuttgart 2002

(zitiert: Soergel/*Bearbeiter*).

Sprung, Rainer, Die Ausgangspositionen österreichischer Zivilprozessualistik und ihr Einfluß auf das deutsche Recht, ZZP 92 (1979), 4–28.

Stadler, Astrid, Gestaltungsfreiheit und Verkehrsschutz durch Abstraktion – Eine rechtsvergleichende Studie zur abstrakten und kausalen Gestaltung rechtsgeschäftlicher Zuwendungen anhand des deutschen, schweizerischen, österreichischen, französischen und US-amerikanischen Rechts, Tübingen 1996 (zitiert: *Stadler*, Gestaltungsfreiheit und Verkehrsschutz durch Abstraktion).

Stadler, Astrid, Allgemeiner Teil des BGB, 21. Aufl., München 2022 (zitiert: *Stadler*, BGB AT).

Stamm, Jürgen, Die Prinzipien und Grundstrukturen des Zwangsvollstreckungsrechts – Ein Beitrag zur Rechtsvereinheitlichung auf europäischer Ebene, Tübingen 2007 (zitiert: *Stamm*, Die Prinzipien und Grundstrukturen des Zwangsvollstreckungsrechts).

Staudinger, Julius von (Begr.), Kommentar zum Bürgerlichen Gesetzbuch mit Einführungsgesetz und Nebengesetzen,

- Buch 1, Allgemeiner Teil, §§ 90–124; 130–133, Neubearbeitung 2021, Berlin 2021,
- Buch 1, Allgemeiner Teil, §§ 125–129, Neubearbeitung 2023, Berlin 2023,
- Buch 1, Allgemeiner Teil, §§ 139–163, Neubearbeitung 2020, Berlin 2020,
- Buch 2, Recht der Schuldverhältnisse, §§ 241–243, Neubearbeitung 2019, Berlin 2019,
- Buch 2, Recht der Schuldverhältnisse, §§ 255–304, Neubearbeitung 2019, Berlin 2019,
- Buch 2, Recht der Schuldverhältnisse, §§ 315–326, Neubearbeitung 2020, Berlin 2020,
- Buch 2, Recht der Schuldverhältnisse, §§ 346–354, Neubearbeitung 2022, Berlin 2022,
- Buch 2, Recht der Schuldverhältnisse, §§ 397–432, Neubearbeitung 2022, Berlin 2022,
- Buch 2, Recht der Schuldverhältnisse, §§ 620–630, Neubearbeitung 2022, Berlin 2022,
- Buch 3, Sachenrecht, §§ 854–882, Neubearbeitung 2018, Berlin 2018,
- Buch 3, Sachenrecht, §§ 925–984, Neubearbeitung 2020, Berlin 2020,
- Buch 3, Sachenrecht, §§ 925–984, Neubearbeitung 2017, Berlin 2017

(zitiert: Staudinger/*Bearbeiter*).

Stein, Friedrich/*Jonas*, Martin, Kommentar zur Zivilprozessordnung, Bork, Reinhard/Roth, Herbert (Hrsg.),

- Band 1, §§ 1–77, 23. Aufl., Tübingen 2014,
- Band 2, §§ 78–147, 23. Aufl., Tübingen 2016,
- Band 3, §§ 148–270, 23. Aufl., Tübingen 2016,
- Band 8, §§ 802a–915h, 23. Aufl., Tübingen 2017

(zitiert: Stein/Jonas/*Bearbeiter*).

Stoll, Hans, Vorteilsausgleichung bei Leistungsvereitelung, in: Schwenzer, Ingeborg/Hager, Günther (Hrsg.), FS für Peter Schlechtriem, Tübingen 2003, S. 677–696.

Stürner, Rolf, Die Aufklärungspflicht der Parteien des Zivilprozesses, Tübingen 1976.

Stürner, Rolf, Verfahrensgrundsätze des Zivilprozesses und Verfassung, in: Grunsky, Wolfgang/Stürner, Rolf/Walter, Gerhard/Wolf, Manfred (Hrsg.), FS für Fritz Baur, Tübingen 1981, S. 647–666.

Stürner, Rolf, Parteipflichten bei der Sachverhaltsaufklärung im Zivilprozeß, ZZP 98 (1985), 237–256.

Stürner, Rolf, Die Stellung des Anwalts im Zivilprozeß, JZ 1986, 1089–1095.

Stürner, Rolf, Prinzipien der Einzelzwangsvollstreckung, ZZP 99 (1986), 291–332.

Stürner, Rolf, Prozeßzweck und Verfassung, in: Prütting, Hanns (Hrsg.), FS für Gottfried Baumgärtel, Köln 1990, S. 545–552.

Stürner, Rolf, Parteiherrschaft versus Richtermacht – Materielle Prozessleitung und Sachverhaltsaufklärung im Spannungsfeld zwischen Verhandlungsmaxime und Effizienz, ZZP 123 (2010), 147–161.

Stürner, Rolf, Die Rolle des dogmatischen Denkens im Zivilprozessrecht, ZZP 127 (2014), 271–331.

Stürner, Rolf/*Kern*, Christoph, Comparative Civil Procedure – Fundamentals and Recent Trends, in: Gürzumar, Osman B. et al. (Hrsg.), GS für Halûk Konuralp, Band 1, Ankara 2009, S. 997–1029.

Stürner, Rolf/*Münch*, Joachim, Die Vollstreckung indexierter ausländischer Unterhaltstitel, JZ 1987, 178–186.

Sutschet, Holger, Bestimmter Klageantrag und Zwangsvollstreckung, ZZP 119 (2006), 279–302.

Thole, Christoph, Erfüllung und Erfüllungssurrogate im Zwangsvollstreckungsrecht, JURA 2010, 605–611.

Uhlmann, Christian, Europarecht und nationales Verfahrensrecht – Der Zivilprozess im Spannungsfeld zwischen Verfahrensautonomie der Mitgliedstaaten und unionalen Vorgaben, GVRZ 2023, 7 Rn. 1–75.

Uhlmann, Christian, Kollektiver Rechtsschutz als Grundmodell für ein Umweltprozessrecht – Baustein für einen Zivilprozess im öffentlichen Interesse, in: Klever, Lukas et al. (Hrsg.), Nachhaltigkeit im Privatrecht – Jahrbuch Junge Zivilrechtswissenschaft 2022, Baden-Baden 2023, S. 281–314.

Vieweg, Klaus/*Lorz*, Sigrid, Sachenrecht, 9. Aufl., München 2022.

Vollkommer, Max, Formstrenge und prozessuale Billigkeit – Dargestellt am Beispiel der prozessualen Schriftform: Zur Überwindung des Formformalismus in der Rechtsprechung, München 1973 (zitiert: *Vollkommer*, Formstrenge und prozessuale Billigkeit).

Vollkommer, Max, Der Grundsatz der Waffengleichheit im Zivilprozeß – eine neue Prozessmaxime? –, in: Gottwald, Peter/Prütting, Hanns (Hrsg.), FS für Karl Heinz Schwab, München 1990, S. 503–520.

Vollkommer, Max, Verjährungsunterbrechung und „Bezeichnung“ des Anspruchs im Mahnbescheid, in: Prütting, Hanns/Rüssmann, Helmut (Hrsg.), FS für Gerhard Lüke, München 1997, S. 865–895.

Wach, Adolf, Vorträge über die Reichs-Civilprozessordnung, 2. Aufl., Bonn 1896.

Wadle, Elmar, Die Übergabe auf Geheiß und der rechtsgeschäftliche Erwerb des Mobiliareigentums, JZ 1974, 689–696.

Wagner, Gerhard, Prozeßverträge – Privatautonomie im Verfahrensrecht, Tübingen 1998 (zitiert: *Wagner*, Prozeßverträge).

Wagner, Gerhard, Entwicklungstendenzen und Forschungsperspektiven im Zivilprozess- und Insolvenzrecht, ZEuP 2008, 6–31.

Wais, Hannes, Zentrale Form- und Heilungsvorschriften im Überblick, JuS 2020, 7–12.

Wellenhofer, Marina, Sachenrecht, 38. Aufl., München 2023.

Weller, Marc-Philippe, Die Vertragstreue: Vertragsbindung – Naturalerfüllungsgrundsatz – Leistungstreue, Tübingen 2009 (zitiert: M.-P. Weller, Die Vertragstreue).

Westermann, Harm Peter, Der Bestimmtheitsgrundsatz im Sachen- und Gesellschaftsrecht: Rechtstechnisches Prinzip oder Instrument der Inhaltskontrolle von Vereinbarungen?, in: Stathopoulos, Michael/Beyes, Kostas/Doris, Philippos/Karakostas, Ioannis (Hrsg.), FS für Apostolos Georgiades, Athen 2006, S. 465–485.

Weyers, Hans-Leo, Über Sinn und Grenzen der Verhandlungsmaxime im Zivilprozess, in: Dubischar, Roland/Folkers, Horst/Futter, Werner/Köndgen, Johannes/de Lazzer, Dieter/Rothoeft, Dietrich/Schmidt, Eike/Struck, Gerhard/Weyers, Hans-Leo (Hrsg.), FS für Josef Esser, Kronberg 1975, S. 193–224.

Wieczorek, Bernhard/*Schütze*, Rolf A., Zivilprozessordnung und Nebengesetze,

- 4. Band, §§ 253–299a, 4. Aufl., Berlin 2013,
- 8. Band, §§ 592–723, 4. Aufl., Berlin 2013,
- 10. Band, Teilband 2, §§ 864–915h, 4. Aufl., Berlin 2015

(zitiert: Wieczorek/Schütze/*Bearbeiter*).

Wiegand, Wolfgang, Die Entwicklung des Sachenrechts im Verhältnis zum Schuldrecht, AcP 190 (1990), 112–138.

Wiegand, Wolfgang, Die Entwicklung der Übereignungstatbestände einschließlich der Sicherungsübereignung, in: Canaris, Claus-Wilhelm/Heldrich, Andreas/Hopt, Klaus J./Roxin, Claus/Schmidt, Karsten/Widmaier, Gunter, FS 50 Jahre BGH, Band I, München 2000, S. 753–776.

Wieling, Hans Josef, Die Bedeutung der Regel „falsa demonstratio non nocet" im Vertragsrecht, AcP 172 (1972), 297–316.

Wolf, Manfred, Anmerkung zu BGH, Urt. v. 22.9.1965 – VIII ZR 265/63, NJW 1966, 107.

Zöller, Richard (Begr.), Zivilprozessordnung, 35. Aufl., Köln 2024 (zitiert: Zöller/*Bearbeiter*).

Zöllner, Wolfgang, Materielles Recht und Prozeßrecht, AcP 190 (1990), 471–495.

Zweigert, Konrad/*Kötz*, Hein, Einführung in die Rechtsvergleichung auf dem Gebiete des Privatrechts, 3. Aufl., Tübingen 1996 (zitiert: *Zweigert/Kötz*, Einführung in die Rechtsvergleichung).

Stichwortverzeichnis

Oliver Remien / Liviu Zidaru (Hrsg.)

Gemeineuropäisches Privatrecht in Rumänien

Neue Kodifikationen zwischen französischen, deutschen oder österreichischen und europäisch internationalen Einflüssen

Am südöstlichen Rand Europas und auch der Europäischen Union gelegen, ist Rumänien gewissermaßen doch im Zentrum der europäischen Entwicklungen des Zivilrechts angesiedelt: Nähe vor allem zum französischen Code civil, aber auch Einflüsse des österreichischen ABGB und des deutschen Rechts sowie anderer Rechtsordnungen kumulieren zu einem europäisch-international offenen neuen ZGB von 2011. Dieser Band erschließt das rumänische Zivilrecht als Teil des gemeineuropäischen Privatrechts. In einem umfassenden Querschnitt werden methodische Fragen der Europäisierung ebenso wie klassisch zivilrechtliche Themen erörtert: Seien es die verschiedenen Rechtsbehelfe im System der Leistungsstörungen oder die Einflüsse des deutschen, österreichischen und französischen Rechts auf das rumänische Sachenrecht. Mit gleich drei Beiträgen steht das Internationale Privatrecht in Rumänien vor dem Hintergrund seiner Europäisierung im besonderen Fokus. Abgerundet wird dies mit einem international-vergleichenden Blick auf das rumänische Zivilprozessrecht.

Schriften zum Internationalen Recht, Band 238
226 Seiten, 2023
ISBN 978-3-428-18906-9, € 79,90
Titel auch als E-Book erhältlich.